社会科学进社区丛书编委会

《社会科学普及读本》编委会

编 著 者：张　勇　　李　静　　何丹华　　高　菊

《社会科学进社区》丛书·钟浩天主编

社会科学普及读本

SHEHUI KEXUE
PUJI DUBEN

张勇　李静　何丹华　高菊◎编著

暨南大學出版社
JINAN UNIVERSITY PRESS
中国·广州

图书在版编目（CIP）数据

社会科学普及读本/张勇，李静，何丹华，高菊编著．—广州：暨南大学出版社，2016.8
（社会科学进社区丛书）
ISBN 978－7－5668－1908－6

Ⅰ.①社… Ⅱ.①张…②李…③何…④高… Ⅲ.①社会科学—普及读物
Ⅳ.①C49

中国版本图书馆CIP数据核字(2016)第183156号

社会科学普及读本
SHEHUI KEXUE PUJI DUBEN
编著者： 张 勇 李 静 何丹华 高 菊

出 版 人： 徐义雄
策划编辑： 李 战
责任编辑： 曹 军
责任校对： 邓丽藤
责任印制： 汤慧君 王雅琪

出版发行： 暨南大学出版社（510630）
电　　话： 总编室（8620）85221601
营销部（8620）85225284 85228291 85228292（邮购）
传　　真：（8620）85221583（办公室） 85223774（营销部）
网　　址： http：//www.jnupress.com http：//press.jnu.edu.cn
排　　版： 广州市天河星辰文化发展部照排中心
印　　刷： 深圳市新联美术印刷有限公司
开　　本： 787mm×960mm 1/16
印　　张： 13.25
字　　数： 238千
版　　次： 2016年8月第1版
印　　次： 2016年8月第1次
定　　价： 39.80元

序言

社会科学普及春天的来临

——寄语《社会科学普及读本》出版

从一个国家和民族乃至人类的长远发展来看，哲学社会科学至关重要。2016年5月17日，习近平总书记主持召开哲学社会科学工作座谈会并发表重要讲话。习近平总书记在座谈会上指出，一个没有发达的自然科学的国家不可能走在世界前列，一个没有繁荣的哲学社会科学的国家也不可能走在世界前列。坚持和发展中国特色社会主义，哲学社会科学具有不可替代的重要地位，哲学社会科学工作者具有不可替代的重要作用。习近平总书记强调要结合中国特色社会主义伟大实践，加快构建中国特色哲学社会科学的学科体系、学术体系、话语体系。习近平总书记的重要讲话不仅深刻阐述了哲学社会科学的历史地位、时代价值、神圣使命，而且明晰了哲学社会科学在国家发展中的战略定位，清楚表明了哲学社会科学发展水平是一个国家综合国力的重要体现，这不仅对当代哲学社会科学工作者是一种巨大的鼓舞，而且对于中国社会未来的长远发展具有重要的战略意义。

历时8年之久、承载着全省30多万社会科学工作者共同心愿的《广东省社会科学普及条例》（以下简称《条例》）自2014年9月1日起正式实施。这是广东省社会科学界的一件大事。《条例》为整合全省社会科学资源、提升社会科学普及工作水平提供了重要法制保障。《条例》的正式实施，对发展和繁荣广东社会科学事业具有里程碑式的意义，预示着广东省社会科学普及春天的到来。

一、社会科学普及立法是时代发展的要求

党的十八大报告指出，要“推进马克思主义中国化、时代化、大众化，坚持不懈用中国特色社会主义理论体系武装全党、教育人民”。马克思主义大众化，就是把马克思主义的基本原理、基本观点通俗化、具体化、生活化，使之更好地

为人民大众所理解、所接受、所运用。社会科学普及是指采取公众易于理解、接受和参与的方式，普及社会科学知识、传播科学思想、倡导科学方法、弘扬科学精神和人文精神的活动。社会科学普及就是要向全社会大力宣传马克思主义中国化的最新理论成果，把马克思主义理论用简单质朴的语言讲清楚、用群众喜闻乐见的方式说明白，使之更好地为广大党员和人民群众所理解、所接受，使广大干部群众掌握科学的世界观和方法论，掌握工作制胜的看家本领，更好地认识规律，更加能动地推动工作。

在新的历史时期，社会科学普及作为广大人民群众公平分享经济社会发展成果和精神文化服务的重要渠道，是文化惠民的重要载体，也是公共文化服务体系的重要组成部分。开展社会科学普及工作，有利于推动文化服务社会、服务人民、服务基层，有利于实现公共文化产品和服务同群众文化需求的有效对接，有利于促进文化惠民和改善文化民生。

社会科学普及正是通过建立没有围墙的“开放型大学”，让专家学者走出书斋，服务社会，搭建专家学者与公众交流学习的桥梁，帮助全社会树立全民终身学习理念，提高全社会的科学文化素养和道德修养，培育社会理性。

二、社会科学普及立法是社会科学管理水平的重大提升

广东省委、省政府历来重视广东省社会科学普及工作，强调要“加强理论武装工作，推进中国特色社会主义理论体系的宣传普及，建立百个优质社会科学普及基地”。这为广东省社会科学普及工作指明了方向，为广东省社会科学普及制度化、规范化提供了坚实的组织保障。

根据广东省委、省政府的工作部署，广东省社科联按照社会科学普及工作的规律和特点，发挥联系广泛、智力密集的优势，积极探索创新社会科学普及平台载体，建立社会科学普及工作机制，提升社会科学普及管理水平，推进社会科学普及立法等，取得了一定成效。如打造了“岭南大讲坛”“社会科学普及周”等工作品牌，编写了大量图文并茂、通俗易懂、群众喜闻乐见的社会科学普及读物，建立了一批功能完善、分布合理、作用积极的社会科学普及基地，开展了主题鲜明的形势教育宣讲活动，有力提升了社会科学普及的影响力。但总体来说，广东省社会科学普及工作还存在着人员经费不足、体制机制不完善、组织化程度

不高等问题，亟须予以立法完善。

《条例》于2014年5月29日顺利表决通过。《条例》的颁布实施，得到了广东省委、省人大、省政府的高度重视和亲切关怀，成为广东省第一部社会科学普及专门性地方法规，也是沿海发达地区同类立法的首创。《条例》的实施是法治广东建设的重要实践创新举措，有利于提升广东省社会科学普及的管理水平，发挥立法对社会科学普及事业的引领、推动和保障作用，建立起促进社会科学普及事业发展的长效机制；确保广东省社会科学普及事业有法可依，必将有力推进广东省社会科学普及工作不断走上制度化、规范化、法制化的轨道。

三、社会科学进社区丛书是宣传贯彻落实《条例》、推动社会科学普及“三贴近”“三深入”的崭新尝试

《条例》明确规定，社会科学普及是全社会的共同责任，是社会科学工作的重要组成部分。社会科学研究机构和社会科学类学会、协会、研究会等社会组织，应当根据全省社会科学普及规划，结合自身学科优势，组织社会科学普及作品创作，撰写社会科学普及读物，以及举办讲座、论坛等公益活动的方式，开展社会科学普及活动。

为在城乡社区深入推动社会科学理论创新和理论普及，扩大社会科学的影响力，充分发挥社科工作者的现实担当和理论自觉，广东省城市社区建设研究会积极履行作为社会科学普及组织的社会责任，在广东省社会科学界联合会的直接指导下，全面启动社会科学进社区丛书编辑出版工作。社会科学进社区丛书填补了国内社会科学知识进社区这一领域的空白，通过向大中学生、社区基层干部和社区居民群众广泛宣传普及社会科学知识，实现社会科学“三贴近”（贴近实际、贴近生活、贴近群众）和“三深入”（深入实际、深入生活、深入群众）。丛书首批共四本，包括《新型社区理论读本：中国人的新型生活共同体》《青少年法制安全教育读本》《人大制度普法读本》和《社会科学普及读本》。

《社会科学普及读本》选取的内容，均围绕当今社区（村）基层干部、社区（村）居民群众、大中学生最关心的社会科学知识热点、难点、疑点问题，以深入浅出、简明扼要且通俗有趣的问答方式，加以理论解读与知识普及，是推动社会科学普及社会化、大众化的一次新尝试。

社会科学普及的春天已经来临。我衷心希望全省社会科学工作者都行动起

来，自觉成为一名社会科学普及工作者和社会科学普及志愿者，积极投身于时代的大潮中，主动提高对社科普及工作重要性、紧迫性的认识，积极参与社会科学理论的传播和普及工作，善于从生气勃勃的社会实践中汲取理论营养和智慧，善于把书本里、文件上、报告中的科学理论转化并普及到广大群众中。社会科学工作者要进一步走向世界，善于转换话语体系，用中国话语讲好“中国故事”、介绍“中国经验”、解读“中国道路”、传播“中国声音”，全面提升中国“软实力”。

在习近平总书记主持召开哲学社会科学工作座谈会并发表重要讲话和社会科学进社区丛书之《社会科学普及读本》出版之际，写上以上寄语，是为序。

王　晓

（作者系广东省社会科学界联合会党组书记、主席）

目　录

目 录

第一篇 社会科学普及是什么

1. 社会科学的概念是什么?

《中华人民共和国宪法》（以下简称《宪法》）第二十条关于“国家发展自然科学和社会科学，普及科学和技术知识，奖励科学研究和技术发明创造”的规定，使用了“社会科学”的概念。社会科学是在知识分类上与自然科学相对应的一门知识学科或学科体系。

社会科学是用科学的方法，研究人类社会的种种现象的各学科总体或其中一门学科。如社会学研究人类社会，政治学研究政治行为、政治体制以及与政治相关的活动。社会科学涵盖的学科包括哲学、经济学、政治学、法学、伦理学、历史学、社会学、文学、民俗学、文艺学、心理学、教育学、管理学、人类学、新闻学、传播学、军事学等。有些学科，如人类学、心理学、考古学，是社会科学和自然科学的交叉学科。在现代科学的发展进程中，新科技革命为社会科学的研究提供了新的方法手段，社会科学与自然科学相互渗透、相互联系的趋势日益显著。

2. 社会科学的任务和作用是什么?

关于社会科学的任务与作用，宋代著名理学家张载有一个非常精辟的概括——“为天地立心，为生民立命，为往圣继绝学，为万世开太平”。第一句“为天地立心”，用现在的话说就是探索和认识宇宙万物的发展规律，并遵循和利用这些规律造福于人类，这是从哲学的高度立论；第二句“为生民立命”，就是说社会科学应该为人类的生存和发展提供多方面的保障；第三句“为往圣继绝学”，就是说要继承和弘扬前人创造的思想文化和思想学说，不能让前人创造的思想文化和思想学说失传；第四句“为万世开太平”，就是说社会科学应该为人类世世代代的和平发展思考出路，打下基础，提供保障。这四句话把社会科学的任务和作用概括得非常深刻和全面。

社会科学是人们认识世界、改造世界的重要工具，是推动社会发展、人类文明进步的重要力量，具有认知世界、传承文明、创新理论、引领时代前进的特殊重要功能。

3. 社会科学的当代历史使命是什么?

人类对社会科学的认识，随着时代发展而不断深入。进入21世纪，世界共同面临着人类如何生存与怎样发展的问题，这些问题引起人们的高度关注和深入思考，迫切需要社会科学理论的引导来破解难题、应对挑战。2010年6月25日，国际社会科学理事会与联合国教科文组织在法国巴黎部发布研究报告，突出强调了社会科学对当前人类生存与未来发展的重要性。报告指出，为有效应对人类面临的诸多重大挑战，世界比任何时候都更需要社会科学。为此要积极倡导“将社会科学作为促进实现国际普遍认同的发展目标的宝贵工具”。

在我国，当代社会科学工作者的历史使命和社会责任，就是为建设中国特色社会主义不断进行理论概括，提供智力支持。以战略眼光、理性思考、专业学识，对事关国家经济社会发展的一系列重大课题进行深入研究，做出理论回答。积极运用社会科学独特的理论力量，引领和促进我国经济社会和文化的大发展、大繁荣。

4. 社会科学普及是什么?

社会科学普及的含义主要体现在三个方面：一是普及的内容，不仅包括社会科学知识，也包括科学方法、科学思想、科学精神与人文精神。二是普及工作要面向广大人民群众，使公众易于理解，易于接受。三是普及活动具有双向性，即不仅要使公众理解和接受，更要吸收公众积极参与普及工作。社会科学普及工作的性质，根据《宪法》第二十二条的规定，属于公益性事业。《广东省社会科学普及条例》第二条规定：“本条例所称社会科学普及，是指采取公众易于理解、接受和参与的方式，普及社会科学知识、传播科学思想、倡导科学方法、弘扬科学精神和人文精神的活动”。第三条规定：“社会科学普及是公益事业，是社会科学工作的重要组成部分。”

社会科学普及是现代科普的一个重要方面，是一个复杂的社会系统工程，它与自然科学普及既有同一性又有差异性。社科普及是以公众易于理解并接受、方便参与的方式，来普及科学技术知识、倡导科学方法、传播科学思想、弘扬科学精神的活动。一般可以归纳为社科普及宣传、教育、服务等类型。社科普及是社会科学的有机组成部分，同时又是社会科学功能作用的一种延伸。它与社会科学研究可谓社会科学体系的两翼，其性质和任务，是由社会科学的性质和任务决定的。

5.《广东省社会科学普及条例》是什么?

《广东省社会科学普及条例》由广东省第十二届人大常务委员会第 9 次会议通过，2014 年 5 月 29 日公布。《条例》分总则、内容与形式、社会责任、普及组织和工作者、保障与激励、法律责任、附则共 7 章 45 条，自 2014 年 9 月 1 日起施行。

《条例》通过法规的形式明确规定了各级政府在社会科学普及工作中的职责，规范了社会科学普及的内容与形式，厘清了社科普及的社会责任，保障了普及组织和工作者的合法权益，规定了社会科学普及的资金保障与激励措施和法律措施，依法保证了广东社会科学普及事业在法制轨道上运行，标志着广东社会科学普及工作进一步走向法制化、规范化。

6. 公众的科学素养是什么?

科学素养即科学素质，指公众对科学所应了解的程度，也就是公众对科学应具备的基本涵养，包括对科学和技术的基本知识、基本观点和科学价值观的基本的理解程度和理解水平。科学素养与科学普及的目标、意义密切相关。因此，科学素养的概念一直受到国内外的普遍重视。公众的科学素养是可以测量的。公众科学素养的测量和研究也是政府制定科学技术和经济社会发展战略和政策的基础。

公民科学素质指标简称 CSL，是反映群体公民科学素质发展水平的综合指标，由了解科学知识、理解科学方法、理解科技对个人和社会的影响三部分构成。经国家统计局批准，自 1992 年起，中国共开展了 9 次公民科学素质调查，第 9 次调查于 2015 年 3—8 月举行。调查显示，2015 年我国具备科学素质的公民比例达到 6.20%，完成了“十二五”中国公民科学素质水平超过 5% 的目标任务。

7. 社会科学普及的对象是什么?

社会科学普及的对象是广大城乡居民，也就是说，社科普及的对象是群众，主体也应该是群众。社科普及工作要落到实处，需要吸引、发动社会公众参与进来。

因为社科普及的受众群体在文化程度、知识结构、职业特点、生活状况、年龄兴趣等方面都有着许多差异，所以必须对其进行群体、层次等划分，认真研究不同人群多样、复杂的实际需求和心理期待，针对不同对象提供不同的科普产品与服务。

调查结果显示，我国县城、乡镇及以下公众社科素养指数要低于平均水平；农民等群体的公众社科素养指数远低于平均水平，所以社科普及工作的重心应该向县城、乡镇及以下区域倾斜。社科普及进社区，也是考虑到社区是社会群体聚集在一个区域形成的生活上相互关联的社会生活共同体，是社会有机体的重要组成部分。

8. 社会科学普及工作者是什么?

社会科学普及工作者是指从事社会科学普及研究、创作、编译、教育、展示、出版等工作的人员，包括企事业单位和社会组织的社会科学普及工作人员，以及社会科学普及工作志愿者。各地的社会科学普及条例都规定国家机关、企事业单位、有关人民团体“应当结合各自工作对象的特点，组织开展社会科学普及活动”，并特别规定社会科学研究机构结合学科优势，组织、指导、支持本机构社会科学工作者开展社会科学普及和研究成果应用，突出专职社会科学工作者在社会科学普及活动中的骨干和示范作用。

高等院校、科研院所、科技企事业单位以及科技馆、博物馆、文化馆、体育馆、影剧院、公园等科普平台，大多数拥有素质高、业务能力较强的专兼职社科普及队伍。通过社会科学普及基地建设，加快专业人才培养是一条重要途径。广东从 2011 年开始在全省逐步推进百个优质人文社科普及基地建设，其中一个主要目标就是力争使它们成为人文社科知识普及人才的培养基地。

9. 社会科学普及志愿者是什么?

社会科学普及志愿者是指基于社会责任及义务，自愿贡献自己的时间、精力、技能，为促进社会的改善和发展，无偿参与社会服务的人员。科普志愿者作为科普工作的一支重要力量，在开展科普宣传、科技咨询、科技培训、科技下乡等多种形式的科普活动方面，发挥了积极作用。

社会科学普及志愿者经过培训，即可投身社会科学普及志愿服务行动。社会科学普及志愿者来自社会的各个阶层，很多地方会定期举行招募活动。一般来说，招募对象主要是社科专家学者、社科类学术团体和民间非企业组织、各级党政机关干部、各大专院校、科研院所、社区居民、企业和离退休干部，以及社会各界热心社科事业的人士。应招者除了需要身体健康，还要有良好的思想政治素质，热爱社科事业，热心社会公益活动。要对社会科学领域相关学科有一定了解、研究，能承担社科普及宣传任务，或对社科事业有较强烈兴趣，志愿为社科普及宣传活动做好服务工作。

10. 社会科学界联合会是什么?

社会科学界联合会（简称社科联）是全国各地区社会科学界社会科学学术研究、学术交流的组织和协调机构，是各地区党委、政府领导下的学术性人民团体，是党和政府联系社会科学工作者的桥梁和纽带。

广东省社科联成立于 1960 年 2 月，原名广东省哲学社会科学学会联合会。2002 年 7 月，广东省哲学社会科学学会联合会召开第五次代表大会，正式更名为广东省社会科学界联合会。广东省社科联是中共广东省委和广东省人民政府直接领导下的学术性群众团体，是广东省社会科学界的联合组织，是广东省省委、省政府联系广大社会科学工作者的桥梁和纽带。

广东省社科联成立 50 多年来，充分依靠全省广大哲学社会科学工作者，积极为党政决策和广东经济建设和社会发展服务，在推动基础理论研究和优长学科建设，在传播社会科学知识，全面提高公众的哲学社会科学素养等方面做出了重要的贡献。

11. 送社会科学进基层是什么？

普及社会科学知识，有利于提高全民科学文化素质。送社会科学进基层，让社会科学走进百姓生活，才能真正实现社会科学理论知识的大普及。全国各地送社会科学进基层的基本做法是：

送社会科学知识进社区。充分利用报刊、电视、网络、宣传橱窗等阵地，下社区举办专题讲座、发放社会科学知识宣传资料的形式，教育社区居民，紧跟时代发展潮流。

送社会科学知识进村镇。通过举办学习节，开设专家讲堂、村民课堂等，达到“帮思想、帮稳定、帮扶贫、帮就业、帮技能、帮致富”的目的。

送社会科学知识进“大墙”（监狱）。用社会科学知识教育罪犯，开展多层次、多渠道的技能培训和帮教活动；对罪犯进行心理咨询、疏导，提高他们的心理素质。

送社会科学知识进工地。主要是职业技术能力水平的培训和维权、安全知识培训等。

另外，还有送社会科学知识进校园、进军营、进工厂、进市场、进车站、进机场等。

12. 社区科普益民计划是什么？

社区科普益民计划是2012年4月起由中国科协、财政部联合组织实施的“基层科普行动计划”的子计划。该计划的推出是为了落实《全民科学素质行动计划纲要》，引领激发广大群众学科学、用科学的积极性和创造性。该计划由“科普惠农兴村计划”和“社区科普益民计划”两个子计划构成。为保证计划的顺利实施，中国科协、财政部还制定《“基层科普行动计划”实施方案（试行）》。

社区科普益民计划要求各地根据新形势下全民科学素质工作的特点，广泛开展各类有针对性的技能培训，倡导和普及节约资源、健康生活、防灾减灾、低碳环保等观念和知识，提升社区居民科学素质，促进形成科学文明健康的生活方式。该计划自实施以来，各地社区开展了多种形式的科普益民活动，取得很大成效。

13. 社会科学普及组织是什么?

社会科学普及组织是社科普及主体，通常是指可以承载社科普及功能、开展社科普及活动的组织，包括各级党委政府有关职能部门、社科普及团体与研究、教育、出版、传播等机构及其专兼职从事社科普及活动的人员，他们在社科普及过程中起到传递者的作用。没有社科普及组织的策划、发动、运作和广大社科普及工作者的积极参与，社科普及活动就难以开展，社科普及事业就无法推进。

关于社会科学普及组织，《广东省社会科学普及条例》第二十六条指出，社会科学普及组织和社会科学普及工作者的合法权益受法律保护。本条例所称社会科学普及组织是指从事社会科学普及工作的企事业单位和社会组织。第二十七条列举了社会科学普及组织和社会科学普及工作者在开展社会科学普及活动中享有的权利，包括依法创办或者参加社会科学普及组织，自主开展多种形式的社会科学普及活动，依法兴办社会科学普及事业等。

14. 社会科学普及的社会责任是什么?

社会科学的社会责任与学术责任是辩证统一的，包括传播知识、培养人才的责任，特别是传播社会主义核心价值观的责任；探索真理、创造知识的责任；应用知识、引领社会文化发展的责任。作为社会责任的履行者，哲学社会科学工作者要有学术操守、社会批判精神和开放包容的心态。

《广东省社会科学普及条例》第三章专门论述社会责任，强调社科普及是全社会的共同责任。第四章对社科普及组织和社科普及工作者的义务也有明确要求，这实际阐述的也是社科普及工作的社会责任。社科普及组织和社科普及工作者要坚持科学态度，依法开展社会科学普及活动；要传播科学思想、科学方法和社会科学知识，开展各种形式的社会科学普及活动，推广社会科学普及研究成果；要学习新知识、新技术，提高社会科学文化素质，增强社会科学普及工作能力。

15. 科普讲座是什么?

科普讲座主要指由主讲者直接面向公众传播社会科学知识的科普活动。科普讲座有多种类型，根据不同区域分有社区科普讲座等；根据不同对象分有青少年科普知识讲座、小学生科普知识讲座等；根据专业内容分有防震减灾科普讲座、卫生科普知识讲座等。

科普讲座是高效率传播社会科学的知识的载体。其特点一是知识系统完整。社会科学普及讲座一般是每场集中讲解一个主题，主讲者精心准备，从不同角度对主题进行解剖，条理清晰，要点突出，听者一般能从主讲者的演讲中获得系统完整的知识，从而加深对主题的理解。二是领略学术前沿。社会科学普及讲座所聘请的主讲者均为相关学科的学科领头人，能让公众从讲座中了解到最新的社会科学研究成果。三是品牌辐射效应。讲座的品牌具有一定的社会辐射效应，社会效益明显。自央视推出《百家讲坛》节目后，全国各地的社会科学普及讲座如雨后春笋涌现，如东方讲坛（上海市）、浙江人文大讲堂、安徽人文讲坛、天府人文讲坛（四川省）、岭南大讲坛（广东省）等。

16. 科普展览是什么?

科普展览主要是以照片、图表、文字介绍及科普读物等为主要内容的展览活动。科普展览内容必须贴近社会，最大限度地满足公众对社会科学知识的需求；展厅设计艺术性强，视觉效果强烈；解说词精彩准确，讲解员讲解生动活泼；此外，还要有图文并茂的科普读物赠送或供观众现场阅读。

科普展览的主要特点：

一是持续时间较长。公众以轮流的方式进入展厅参观，有限的展厅，可以容纳无限的观众，因而具有非常好的聚众效应。

二是参观环境幽雅。社会科学普及展览一般非常注重展厅设计，让展出的内容与精美的设计相互交融，形成吸引、感染、陶冶公众的科普氛围。

三是讲解深入透彻。科普展厅的讲解员一般应该是学者型的，这是社会科学普及展览的一个重要特点。社会科学普及展览除原则上按解说词叙述外，还要根据观众的需要，对有关问题做较深入的理论分析，让观众理解得更为透彻。

17. 科普网络是什么?

科普网络既指以在互联网开办的普及社会科学知识为宗旨的科普网站，也指普及社会科学知识的网页，以及近年来出现的网络新媒体。科普网络有如下几个主要特点：

一是突破时空的限制。公众在任何时候都可以登录科普网站或网页，阅读科普文章或下载科普资料。

二是高效方便的链接。登录科普网站或网页后，可以任意浏览网站或网页的科普资料，甚至可以利用网络搜索引擎，定向寻找所需要的科普资料。

三是多媒体的应用。新媒体的发展已经渗透到媒介的每一根神经，网络逐渐成为采集、传播科普信息的主要渠道。

此外，依托集通信与信息传输于一体的智能手机所产生的新的科普载体，也更多地受到科普工作者的关注。

18. 社会科学普及基地是什么？

科普基地是科学教育活动开展的平台和依托，借助科普基地可以为社区民众提供科普咨询服务，为青少年提供人生科学发展规划等相关咨询服务，全面调研城乡居民科普教育需求，为基层群众放映科普专题影片，编印发放科普资料，邀请学校周边社区民众走进大学科普讲堂。科普基地对提高国民科学文化素质，丰富居民精神生活，激发青少年的科学兴趣与开发创造潜能具有重要的现实意义。

《广东省社会科学普及条例》要求社会科学普及基地应当充分发挥示范和辐射作用，结合自身特点，通过举办讲座、培训、竞赛、表演、游戏、咨询等多种形式普及社会科学知识，提高公众文化素养。广东省社会科学普及基地建设从2006年开始启动，基地涵盖了乡村、街道、社区、企业、学校、学会、协会、研究会等。

19. 中国特色社会主义理论体系是什么？

中国特色社会主义理论体系，是包括邓小平理论、“三个代表”重要思想及科学发展观等重大战略思想在内的科学理论体系。中国特色社会主义理论体系，在新的时代条件下系统回答了“什么是社会主义、怎样建设社会主义”“建设什么样的党、怎样建设党”“实现什么样的发展、怎样发展”等重大理论实际问题。这个理论体系，创造性地提出了一系列新的重大理论观点和战略思想，从而实现了马克思主义中国化的第二次历史性飞跃。

中国特色社会主义理论体系坚持马克思主义基本原理与中国国情和时代特征相结合，坚持中国特色社会主义道路的拓展与理论体系的发展相统一，坚持中国共产党的领导与尊重群众的首创精神相结合，其理论精髓是解放思想、实事求是、与时俱进、求真务实。这一理论丰富和发展了马克思主义辩证唯物主义和历史唯物主义哲学思想。

20. 科学精神是什么？

科学的发展不仅是科学知识的积累、科学方法的创新，更是科学精神的塑造。科学精神是人们在长期的科学实践活动中形成的共同信念、价值标准和行为规范的总称。科学精神是科学与科学活动的内在精神和灵魂，它是科学主体（科学家）的内在精神气质、品质和科学活动的内在性质、特质在求真创新基础上的统一。它一方面约束科学家的行为，是科学家在科学领域内取得成功的保证；另一方面，又逐渐地渗入大众的意识深层，推动着社会和文明的进步。

科学精神的主要特征包括求实、创新、执着、理性等方面，其中最主要的是求实与创新。求实精神要求科学须正确反映客观现实，实事求是克服主观臆断。创新改革精神是科学的生命，是科学活动的灵魂。执着的探索精神是指根据已有知识、经验的启示或预见科学家在自己的活动中总是既有方向和信心又有锲而不舍的意志。理性精神是指科学活动须从经验认识层次上升到理论认识层次，必须坚持理性原则。其他科学精神还有实证精神、协作精神、民主精神、开放精神、怀疑与批评精神等。

21. 人文精神是什么？

狭义的人文精神是指文艺复兴时期的一种思潮，其核心思想是关心人，以人为本，是张扬人的理性，反对神学对理性的贬低，主张灵肉和谐。传承至今作为一种文化传统的人文精神是一种普遍的人类自我关怀，其基本内涵有三个层次，一是人性，对人的幸福和尊严的追求，是广义的人道主义精神。二是理性，对真理的追求，是广义的科学精神。三是超越性，对生活意义的追求。简单地说，就是关心人，尤其是关心人的精神生活；尊重人的价值，尤其是尊重人作为精神存在的价值。人文精神的基本含义就是：尊重人的价值，尊重精神的价值。

人文精神不仅是精神文明的主要内容，而且会影响物质文明建设。一个国家的国民人文修养的水准，在很大程度上取决于国民教育中人文教育的地位和水平。要想社会和谐发展，人文精神就必须实实在在地和科学精神一起灌注于我们的日常生活当中，成为我们自觉的精神追求。

22. 毛泽东思想是什么？

毛泽东思想是马克思主义中国化的第一个重大理论成果。它的科学含义是：第一，是马克思列宁主义在中国的运用和发展。第二，是被实践证明了的关于中国革命和建设的正确的理论原则和经验总结。第三，是中国共产党集体智慧的结晶。

毛泽东思想的科学体系有着丰富的内容：关于新民主主义革命的理论、关于社会主义革命和社会主义建设的理论、关于革命军队的建设和军事战略的理论、关于政策和策略的理论、关于思想政治工作和文化工作的理论、关于党的建设的理论、关于国际战略和外交工作的理论、关于思想方法和工作方法的理论等。毛泽东思想的活的灵魂，是贯穿于上述各个理论的立场、观点和方法。它们有三个基本方面，即实事求是，群众路线，独立自主。毛泽东思想的精髓是人民至上，人民的利益高于一切。全心全意为人民服务是中国共产党人的根本宗旨。

23. 邓小平理论是什么？

邓小平理论是以邓小平同志为主要创立者，以建设中国特色社会主义为主题的理论。是马克思列宁主义同当代中国实践和时代特征相结合的产物，是毛泽东思想在新的历史条件下的继承和发展，是以邓小平为主要代表的中国共产党人集体智慧的结晶。

党的十二大到十三大，是邓小平理论初步形成的阶段。邓小平同志在党的十二大开幕词中，第一次提出和使用了“建设有中国特色的社会主义”的科学概念。党的十二大以后，邓小平理论的基本框架逐步形成。党的十五大明确提出和使用了邓小平理论的科学概念，并且把邓小平理论确立为党的指导思想，明确写进了党章。

邓小平理论第一次比较系统地初步围绕“什么是社会主义，怎样建设社会主义”这个根本问题，回答了中国社会主义的发展道路、发展阶段、根本任务、发展动力、外部条件、政治保证、战略步骤、党的领导和依靠力量以及祖国统一等一系列基本问题，指导我们党制定在社会主义初级阶段的基本路线。

24. “三个代表”重要思想是什么？

江泽民同志于2000年2月25日在广东省考察工作时，从全面总结党的历史经验和如何适应新形势新任务的要求出发，首次对“三个代表”重要思想进行了比较全面的阐述。具体内容为：中国共产党始终代表中国先进生产力的发展要求、中国共产党始终代表中国先进文化的前进方向、中国共产党始终代表中国最广大人民的根本利益。

“三个代表”重要思想具有鲜明的时代特征，不仅是中国共产党建设的重大课题，更事关改革开放和两个文明建设的成败，事关中国共产党、中国特色社会主义事业建设大局，事关党和国家的前途命运，是中国共产党的立党之本、执政之基、力量之源。中国共产党八十年的奋斗历程充分证明，中国共产党要继续站在时代前列，带领人民胜利前进，就必须始终代表中国先进生产力的发展要求，代表中国先进文化的前进方向，代表中国最广大人民的根本利益。

25. 科学发展观是什么？

科学发展观的是胡锦涛同志在2003年7月28日的讲话中提出的“坚持以人为本，树立全面、协调、可持续的发展观，促进经济社会和人的全面发展”，按照“统筹城乡发展、统筹区域发展、统筹经济社会发展、统筹人与自然和谐发展、统筹国内发展和对外开放”的要求推进各项事业的改革和发展的一种方法论，也是中国共产党的重大战略思想。中国共产党第十七次全国代表大会把科学发展观写入党章，中国共产党第十八次全国代表大会把科学发展观列入党的指导思想。

科学发展观的第一要义是发展，核心是以人为本，基本要求是全面协调可持续性，根本方法是统筹兼顾。

26. 习近平总书记系列重要讲话精神是什么？

2014年10月23日，“深入贯彻习近平总书记系列重要讲话精神”首次被写入最高规格的十八届四中全会公报。习近平总书记系列重要讲话精神是：一个梦想——“中国梦”召唤，两大目标——“两个一百年”引领，三大主线——治党、治国、治军统筹，“四个全面”战略布局——全面建成小康社会、全面深化改革、全面推进依法治国、全面从严治党，“五位一体”——经济、政治、社会、文化、生态建设协调发展，“五大发展”理念——创新、协调、绿色、开放、共享。

党的十八大以来，习近平总书记以政治家和战略家的巨大政治勇气和理论勇气，围绕“什么是社会主义现代化强国、怎样建设社会主义现代化强国”的基本问题，初步形成了一系列治国理政重要思想论述，把马克思主义中国化提高到又一个理论新境界。

27. 习近平总书记在哲学社会科学工作座谈会发表重要讲话的意义是什么?

2016 年 5 月 17 日，习近平总书记主持召开哲学社会科学工作座谈会并发表重要讲话。习近平总书记着眼人类社会历史发展规律，从党和国家事业发展全局出发，科学分析了我国哲学社会科学工作面临的新形势新任务，就结合中国特色社会主义伟大实践、加快构建中国特色哲学社会科学做出了全面部署。

习近平总书记的重要讲话立意高远，情真意切，站在时代、历史的高度和人民大众的立场，深刻阐述了哲学社会科学的历史地位、时代价值、神圣使命，突出强调了坚持马克思主义在我国哲学社会科学领域的指导地位，提出加快构建中国特色哲学社会科学的学科体系、学术体系、话语体系。习近平总书记的重要讲话是新形势下哲学社会科学工作创新发展的指南，必将对今后相当长时期哲学社会科学的发展战略、发展方向、发展途径、发展制度保证产生重大而深远的意义和影响。

28. “中国梦”是什么?

习近平总书记把“中国梦”定义为：“实现伟大复兴，就是中华民族近代以来最伟大梦想”，并且表示这个梦“一定能实现”。习近平总书记强调：“到中国共产党成立 100 年时全面建成小康社会的目标一定能实现，到新中国成立 100 年时中华民族伟大复兴的梦想一定能实现”。他用“三个必须”来指明实现“中国梦”的路径：“实现中国梦必须走中国道路，必须弘扬中国精神，必须凝聚中国力量”。

“中国梦”的本质内涵是实现国家富强、民族复兴、人民幸福。当代中国所处的发展阶段，决定了全面建成小康社会是“中国梦”的根本要求，相应地，“中国梦”也呈现出这个阶段的诸多重要时代特征，一是综合国力进一步跃升的“实力特征”；二是社会和谐进一步提升的“幸福特征”；三是中华文明在复兴中进一步演进的“文明特征”。

29. 中国基本国情的内涵是什么?

习近平总书记在中央政治局第一次集体学习讲话时指出，社会主义初级阶段是当代中国的最大国情、最大实际。我们在任何情况下都要牢牢把握这个最大国情，推进任何方面的改革发展都要牢牢立足这个最大实际。

虽然新中国成立以来特别是改革开放以来，我国取得了举世瞩目的发展成就，但我国仍处于并将长期处于社会主义初级阶段的基本国情没有变，人民日益增长的物质文化需要同落后的社会生产之间的矛盾这一社会主要矛盾没有变。换言之，从我国现阶段发展的实际状况看，中国人口多、底子薄，生产力不发达的状况并没有根本改变，现在达到的小康还是低水平的、不全面的、发展很不平衡的小康，我国目前仍然没有走出社会主义初级阶段，仍然是一个发展中国家。

30. 实现“两个一百年”奋斗目标是什么?

“两个一百年”是党的十八大会议中提出的奋斗目标，和“中国梦”相辅相成，是我们国家我们党未来的发展、奋斗目标。第一个“一百年”，到中国共产党成立100年时（2021年）全面建成小康社会的目标一定能实现；第二个“一百年”，到新中国成立100年时（2049年）建成富强、民主、文明、和谐的社会主义现代化国家。

第一个“一百年”，全面建成小康社会的深刻含义，是指经济建设、政治建设、文化建设、社会建设、生态文明建设以及国防建设“六位一体”的我国社会主义现代化总体布局的全面建成，这也反映了我国进入“全面现代化”的时代。

第二个“一百年”，把“和谐”与“富强、民主、文明”一起作为社会主义现代化建设的目标，反映了建设富强、民主、文明和谐的社会主义现代化国家的内在要求。构建社会主义和谐社会，不仅关系最广大人民的根本利益，关系党的事业兴旺发达和国家的长治久安，而且关系社会主义本质的实现，是建设中国特色社会主义的应有之义。

31. 社会主义核心价值观是什么?

社会主义核心价值观是社会主义核心价值体系的内核，体现社会主义核心价值体系的根本性质和基本特征，反映社会主义核心价值体系的丰富内涵和实践要求，是社会主义核心价值体系的高度凝练和集中表达。

党的十八大报告明确提出“三个倡导”，把“倡导富强、民主、文明、和谐，倡导自由、平等、公正、法治，倡导爱国、敬业、诚信、友善，积极培育社会主义核心价值观”作为社会主义核心价值观的基本内容。富强、民主、文明、和谐是国家层面的价值目标，自由、平等、公正、法治是社会层面的价值取向，爱国、敬业、诚信、友善是公民个人层面的价值准则，这 24 个字是社会主义核心价值观的基本内容。

32. 国家宪法日是什么?

宪法是一个国家的根本大法。2014 年 11 月 1 日十二届全国人大常委会第十一次会议表决通过决定，将 12 月 4 日设立为国家宪法日。设定国家宪法日是为了增强全社会的宪法意识，弘扬宪法精神，加强宪法实施，全面推进依法治国。它的设立突出了宪法根本大法的地位，有助于形成举国上下尊重宪法、宪法至上、用宪法维护人民权益的社会氛围，也显示了中央对违法乱纪行为坚决查处的决心。

丹麦等国家的宪法日很有代表性。每年 6 月 5 日是丹麦的法定节日，纪念 1849 年通过的第一部丹麦宪法。这一天丹麦到处悬挂起国旗，政治家们出来发表演说，宣传自己的政治见解，选民们则悠然自得地坐在草地上休息，享受宪法为他们带来的自由权利。俄罗斯的宪法日是每年 12 月 12 日，之所以选择这一天作为宪法日，是因为 1993 年 12 月 12 日，独立后的俄罗斯通过全民公投方式通过了现行宪法。

33. “倡导全民阅读，建设书香社会”是什么?

“倡导全民阅读，建设书香社会”是国务院总理李克强在 2015 年两会的政府工作报告中提出的。这是继 2014 年政府工作报告中首次提出“倡导全民阅读”

后，政府第二次将全民阅读写入工作报告，并在报告中首次提出“建设书香社会”。

“推动全民阅读、提升民族文化素质、积极推进学习型社会的建设”，是国家倡导全民阅读的根本目的，自2006年4月23日第11个“世界读书日”开始，国家新闻出版总署就开始联合10个部委发出通知，倡议开展全民阅读活动。今天，各地已形成有地域文化特色的全民阅读活动。由中共广东省委宣传部等单位承办的“南国书香节”品牌始创于1993年，当时就在全国引起轰动，声名远播海内外。2015年的“南国书香节”以“阅读无处不在”为口号，250多位名家莅临现场与读者交流。

第二篇　哲学是什么

34. 哲学是什么?

“哲学”一词起源于古希腊，英语中的 Philosophy 是从古希腊文的 Philein 与 Sophia 演化而来的。Philein 是“爱、追求”的意思，Sophia 是“智慧”的意思。合起来，哲学就是爱智慧、追求智慧的学问。Philosohia 一词在明代末年被传教士利玛窦带入中国，被译为“爱智之学”。19 世纪日本的西周（西方哲学传播者）用中国的“哲学”二字表述古希腊罗马的哲学思想。1896 年，中国近代思想家黄遵宪将其引入中国，逐步为中国学术界所接受。在中国古代汉语中，“哲”恰好也是“智慧”的意思，例如《尔雅》《说文解字》和《孔氏传》都说：“哲，智也。”

不同时代的哲学家对哲学有着不同的解释。苏格拉底提出“认识你自己”，哲学就是人通过求知而认识自我、培育自我的过程。柏拉图把辩证法视为探寻事物普遍必然性原理的学问，这一解释相当于我们所说的哲学。亚里士多德则把哲学等义于形而上学，是探求事物第一原理或最高的学问。黑格尔认为哲学是“思想中所把握到的时代”。恩格斯认为，哲学“是建立在通晓思维的历史和成就基础上的理论思维”。我国哲学家冯友兰认为，哲学作为一门学问，是使人能够成为人，而不是成为某种人。当前比较流行的看法是：哲学是世界观与方法论，是理论化、系统化的世界观，哲学是对自然知识、社会知识、思维知识的概括与总结，是区别于神话、常识、宗教、艺术、科学等的一种特殊的思维方式。

35. 哲学基本问题是什么?

恩格斯 1886 年在《路德维希·费尔巴哈与德国古典哲学的终结》中第一次明确提出：“全部哲学，特别是近代哲学的重大的基本问题，是思维和存在的关系问题。”换言之，就是意识和物质之间的关系问题。

哲学的基本问题可分解为两个方面：一是思维和存在、意识和物质“何者为第一性”的问题，也就是谁为“本原”、谁为“派生”的问题；二是思维和存在、意识和物质“有无同一性”的问题，也就是意识能否认识物质的问题。通常把前者称作“本体论”问题，后者称作“认识论”问题。

根据对前一个问题的不同回答而形成哲学中的唯心主义和唯物主义两大对立派别。凡是认为意识是第一性的，物质是第二性的，即意识先于物质，物质依赖意识而存在，物质是意识的产物的哲学派别属于唯心主义；凡是认为物质是第一性的，意识是第二性的，即物质先于意识，意识是物质的产物的哲学派别属于唯物主义。除了这两种根本对立的回答外，还有一种回答，认为物质和意识是两个独立的、互不依赖的本原。持这种观点的哲学流派称为二元论，它是动摇于唯物主义和唯心主义之间的不彻底的哲学，最终往往倒向唯心主义。

根据对后一个问题的不同回答形成了哲学中的“可知论”与“不可知论”。凡是认为思维和存在具有“同一性”，意识能够认识物质的哲学学说均属于“可知论”，反之则属于“不可知论”。

36. 哲学的起源是什么?

古希腊哲学家柏拉图说：“惊奇是哲人的感受，哲学始于惊奇。”他的弟子，百科全书式的哲学家亚里士多德说：“由于惊异，人们才开始哲学思考。”“惊异”又译作“好奇心”，是从无知到有知的中间状态。

哲学源于对世界整体性把握这样一种最大的普遍性问题的惊异，这种惊异有两个条件：一是这种惊异不是出于功利的目的，而是出于对真理的自由探索；二是必须是对普遍性问题的惊异。什么是普遍性问题呢？像“我是谁?”“世界是什么?”“我从哪来？我到哪去?”“世界从哪来?”这些“大问题”就是普遍性问题。哲学家康德把哲学大问题归纳为四个方面：“我可以认识什么?”“我应该做什么?”“我能够希望什么?”“人是什么?”就其本质来说，哲学的普遍性惊异是对存在的惊讶。

当然我们不能把“哲学源于惊异”与“哲学源于实践”相对立起来。人们只有在现实生活中、在实践中，才有可能产生惊讶，但是这跟人的好奇心强弱也有关系，只有在实践中对事物易起好奇心的人，才可能成为有哲学头脑的人。

37. 关于哲学起源的轴心期理论（雅斯贝尔斯）是什么？

卡尔·西奥多·雅斯贝尔斯（Karl Theodor Jaspers，1883—1969），德国存在主义哲学家、神学家、精神病学家。他在1949年出版的《历史的起源与目标》中把公元前800年至公元前200年之间，尤其是公元前600年至公元前300年间称作人类文明的“轴心时代”，这一时期的世界范围内，希腊、印度和中国同时产生了哲学，全世界只有这三个地方有哲学，并出现了一系列伟大的精神导师，例如：古希腊的苏格拉底、柏拉图、亚里士多德，古印度的释迦牟尼，中国的孔子、老子……他们都出现在这个时期，虽然中国、印度、中东和希腊之间有千山万水的阻隔，但它们在轴心时代的文化有很多相通的地方。他们提出的思想原则塑造了不同的文化传统，也一直影响着人类的生活。他认为，这段时期是人类文明精神的重大突破时期。

在那个时代，古希腊、以色列、中国和印度的古代文化都发生了“终极关怀的觉醒”。换句话说，这几个地方的人们开始用理智的方法、道德的方式来面对这个世界，同时也产生了宗教。它们是对原始文化的超越和突破，这种超越和突破的不同类型决定了今天西方、印度、中国、伊斯兰国家不同的文化形态。那些没有实现超越突破的古文明，如巴比伦文化、埃及文化，虽规模宏大，但都难以摆脱灭绝的命运，成为文化的化石。而轴心时代所产生的这些文化一直延续到今天。

轴心期理论的提出具有重要意义，该理论把哲学放在世界历史大环境和大框架中做出定位。哲学起源的三元论观点深刻地驳斥了西方中心论，世界文化不是以西方为中心的，哲学也不是西方才有的，这是雅斯贝尔斯的轴心期理论的贡献。在起源上，哲学一开始就是多元的。西方中心论的一个代表人物黑格尔，写了《历史哲学》，说东方固然也有自己一段很长的历史，但是，那不是真正的历史。他把东方，包括中国、印度、埃及统统撇开，他认为真正的历史开始于希腊，希腊人是西方精神的家园，因为西方以希腊文化作为自己的哲学家园，一直到后来发展到日耳曼，德国就成了“西方的西方，西方中心的中心”。

38. 黑格尔关于哲学的七个比喻是什么？

德国古典哲学的集大成者、辩证法大师黑格尔对哲学做过许多形象生动而又耐人寻味的比喻，仔细地品味这些生动比喻，不仅能使我们了解哲学的深刻意蕴，而且会使我们在欣赏、品味中体悟到什么是哲学思考，获得哲学的辩证智慧。

（1）庙里的神。黑格尔说："一个有文化的民族"，如果没有哲学，"就像一座庙，其他方面都装饰得富丽堂皇，却没有至圣的神那样。"黑格尔借用"庙"与"神"的关系来生动比喻人类生活与哲学两者之间的关系。哲学，就像普照大地的阳光一样照亮了人类的精神生活。如果失去了哲学，人类的生活就会变得暗淡无光。

（2）厮杀的战场。整部人类哲学史充满着哲学家们互相批判、互相推翻、互相取代的斗争，基于这种客观事实，黑格尔把哲学史形象地比喻为一个"厮杀的战场"。在黑格尔看来，哲学总是在自我批判和自我否定中发展的，因为哲学是"思想中所把握到的时代"。表达新时代哲学必然要通过对表达旧时代的哲学的批判而获得哲学的统治地位，由此便构成了哲学史的"厮杀的战场"。

（3）花蕾、花朵、果实。黑格尔说："花朵开放的时候花蕾便消逝，人们会说花蕾是被花朵否定掉了；同时，当结果的时候，花朵又被解释为植物的一种虚假的存在形式，而果实是作为植物的真实形式出现而代替花朵的。"这个生动形象的比喻提醒我们：哲学思想之间的互相批判，并不是一无所获的徒然否定，而是如花蕾、花朵和果实的自我否定一样，在否定中实现自身的发展。

（4）密涅瓦的猫头鹰。"密涅瓦"是古希腊罗马神话中的智慧女神雅典娜，栖落在她身边的猫头鹰则是思想和理性的象征，黑格尔说，哲学就像密涅瓦的猫头鹰一样，它不是在旭日东升的时候，在蓝天里翱翔，而是在薄暮降临时才悄然起飞。在这里，黑格尔用密涅瓦的猫头鹰在黄昏时起飞来比喻哲学，旨在说明哲学是一种"反思"活动，是一种沉思的理性。哲学的反思必须是深沉的、自甘寂寞的。

（5）消化与生理学。黑格尔认为，哲学反思并非有些人认为的"是我们达到永恒或真理的主要条件，甚至是唯一条件"。他说："这种说法，无异于认为在没有知道食物的化学的、植物学的或动物学的性质以前，我们就不能饮食；而且要等到我们完成了解剖学和生理学的研究之后，才能进行消化。"这种说法显然有悖于情理。所以对于哲学反思的作用不宜无限夸大，以为人类的存在都系于哲学。一种较为客观的说法是，不学哲学照样可以思维，不过学哲学可以更好地思维。生理学不是教人消化的，哲学也不是教人思维的。研究哲学的功用是训练思维以达到其他的目的。

（6）同一句格言。黑格尔说，同一句格言，在一个饱经风霜、备受煎熬的老人嘴里说出来，和在一个天真可爱、未谙世事的孩子嘴里说出来，含义是根本不同的。“老的那些宗教真理，虽然小孩也会讲，可是对于老人来说，这些宗教真理包含着他全部生活的意义。即使这些小孩也懂得这些宗教真理的内容，可是对他来说，在这个宗教真理之外，还存在着全部生活和整个世界。”哲学不仅仅是一系列概念的运动和发展，而且是蕴含着极其深刻的生活体验。

（7）动物听音乐。哲学不是现成的知识，如果把哲学当成现成的知识去接受，虽然可以使人获得某些哲学概念，但始终不知道哲学为何物，因而也不能真正地进入哲学思考。就“像某些动物，它们听见了音乐中一切的音调，但这些音调的一致性与谐和性，却没有通过它们的头脑”（黑格尔语）。黑格尔通过这个比喻，尖锐而又深刻地揭示了形成哲学智慧的智慧。哲学不是现成知识的结论，如果只是记住了某些哲学知识或使用某些哲学概念，那就会像“动物听音乐一样”，可以听到各种各样的“音调”，却听不到真正的“音乐”。

39. 西方哲学的主要分类是什么?

根据西方哲学上普遍流行的分类法，可将哲学大体分为三类：

一是“本体论”（Ontology），即关于存在本身（Being as such）的理论或研究。关于存在之本性问题，从本体的性质上分，有唯物论、唯心论、中心论、合一论等；从本体的数量上分，有一元论、二元论、多元论。

二是“知识论”或“认识论”（Epistemology），即关于人类认识的来源、能力、范围、限度和真伪标准的研究。从认识能力来分，有独断论、怀疑论、实证论，或分为可知论和不可知论；从知识之来源来分，有理性主义、经验主义、批判主义；从认识之真伪标准来分，有反映论、融贯说、实用说等。

三是“价值论”（Axiology），即关于事物对满足人的需要、兴趣和目的的意义和研究。价值原指商品交换价值，19—20 世纪，在一些思想家的影响下，延伸到伦理道德、美学等领域，形成一种综合的学问，称价值论。

40. 哲学的二级学科有哪些?

哲学作为人文社会科学一级学科，下设马克思主义哲学、中国哲学、外国哲学、逻辑学、伦理学、美学、宗教学、科学技术哲学和管理哲学 9 个二级学科。

马克思主义哲学主要研究辩证唯物主义和历史唯物主义。马克思主义哲学是在批判地继承、吸收德国古典哲学、英国古典政治经济学和法国、英国的空想社会主义合理成分的基础上，尤其是在深刻分析资本主义社会的发展趋势和科学总结工人阶级斗争实践的基础上，创立并发展起来的关于自然、社会和思维发展一般规律的学说。

中国哲学萌芽于商周之际，成形于春秋末期，截至五四运动可分为三个时期：先秦哲学；秦汉至明清之际的哲学；明清之际至五四运动时期的哲学，可称为近代哲学。现代哲学主要指“对中国古代哲学的研究”和“对西方哲学的研究”。古代中国主要有儒家、道家、法家、墨家、佛教禅宗等哲学流派，其中尤其以儒、释、道三家影响深远。

外国哲学即西方哲学，是研究西方从古代至当代哲学思想发展变化及其社会影响的专门学科。西方哲学开始于公元前 6 世纪，大约经历了古希腊罗马哲学、中世纪哲学、近代哲学和现当代哲学四个时期。

逻辑学是一门研究思维的科学，有广义和狭义之分。狭义的逻辑学是指研究推理的科学，即只研究如何从前提必然推出结论的科学。广义的逻辑学指研究思维形式、思维规律和思维的逻辑方法的科学。

伦理学是关于道德问题的理论，是研究道德的产生、发展、本质、评价、作用，以及道德教育、道德修养规律的学说。

美学是研究人与世界审美关系的一门学科，即美学研究的对象是审美活动。审美活动是人的一种以意象世界为对象的人生体验活动，是人类的一种精神文化活动。

宗教学是以宗教和宗教发展史为研究对象的现代社会科学，它是宗教哲学化后以一切宗教为研究对象的学科，旨在通过对宗教现象，宗教起源、演化、性质、规律、作用的客观研究，揭示人类社会文化发展规律。

科学技术哲学主要研究自然界的一般规律、科学技术活动的基本方法、科学技术及其发展中的哲学问题、科学技术与社会的相互作用等内容。

管理哲学就是对一般管理的世界观与方法论的总称。作为管理学与哲学的交叉学科，管理哲学兼具二者的特性，包括科学管理中的普遍原理、原则和哲学观。美国哈佛管理丛书《企业管理百科全书》认为，所谓管理哲学是指最高管理者为人处世的信仰和价值观等。

41. 马克思主义哲学的基本主张是什么?

马克思主义哲学的基本主张即辩证唯物主义和历史唯物主义。

辩证唯物主义是唯物主义和辩证法的有机统一，是唯物主义哲学发展的高级形态。它由辩证的唯物论、唯物的辩证法和辩证唯物主义认识论三部分组成，既同唯心主义和形而上学根本对立，又同一切旧唯物主义有原则的区别。

辩证唯物主义认为世界在本质上是物质的，意识是高度发展的物质——人脑的机能，是客观物质世界在人脑中的反映。辩证唯物主义认为世界是按照它本身所固有的规律运动、变化和发展的，世界上的一切现象都处于普遍联系和永恒运动之中，事物普遍联系的最本质的形式和运动发展的最深刻的原因是矛盾着的对立方面的统一。因此，孤立地、静止地看问题的形而上学思维方法是错误的，而矛盾分析法是最重要的认识方法。

历史唯物主义亦称“唯物主义历史观”“唯物史观”，是关于人类社会发展的一般规律的科学。历史唯物主义认为，不是社会意识决定社会存在而是社会存在决定社会意识，社会意识又能动地反作用于社会存在；生产力和生产关系之间的矛盾、经济基础与上层建筑之间的矛盾，是推动一切社会发展的基本矛盾；社会发展的历史是人民群众的实践活动的历史，人民群众是历史的创造者，但人民群众创造历史的活动和作用总是受到一定历史阶段的经济、政治和思想文化条件的制约。历史唯物主义的创立，第一次把社会历史的研究奠定在科学的基础上。

科学的实践观是马克思创立辩证唯物主义和历史唯物主义的思想机制。马克思主义哲学认为实践对认识具有决定的作用，具体表现在：实践是认识的来源；实践是认识发展的动力；实践是认识的目的。同时，实践是检验真理的唯一标准。科学的实践观不仅是马克思主义哲学批判唯心主义的锐利武器，而且是同旧唯物主义的分界线，并由此终结了传统哲学。

42. 中国哲学的基本问题是什么?

中国哲学即中华民族的哲学。它致力于研究世界的本原和古今历史演变的规律，并形成了自己独具民族特色的自然观、历史观、伦理观、认识论和方法论。中国哲学大约萌芽于殷周之际，形成于春秋末期，战国时代已经出现了百家争鸣的繁荣局面。中国哲学约 3 000 年的发展历史大致可分为先秦哲学、秦汉时期的哲学、魏晋南北朝时期的哲学、隋唐时期的哲学、宋元明清时期的哲学、近代和现代哲学。中国哲学的特质在于重道德性，其特点在于关注“生命”与“德性”。它的基本问题有三：

一是天人关系。与西方形而上学以本体界为对象不同，中国哲学认为形而上学就是“天人之学”，即像司马迁说的那样“究天人之际”。就是说，形而上学既不仅仅以天道为对象，也不仅仅着眼于人道，而要研究二者之间的关系。

二是人我关系。这一研究一般属伦理学的范围，而中国哲学之所以将人我关系列为重要的考察对象，是因为对天道的研究不能脱离人道。所谓人道，指调节人我关系的道德原则。只有通过对人我关系的研究，才能具体了解天道是如何展现为人道，以及人道如何体现天道。

三是身心关系。无论是对天道的追求还是对社会道德义务的承担，都出自具有主体人格的人的内在要求。因此中国哲学与西方哲学有一个很大的不同，就是强调对于道德行为主体的人的自由意志的研究。从此种意义上而言，中国哲学可称为“心灵哲学”，或“为己之学”。

43. 先秦哲学的地位怎样?

先秦哲学中提出了天人、气、太极、阴阳、道器、动静、有无、常变、心物、名实等重要哲学范畴，成为秦汉以后中国哲学发展的基础。春秋战国时期的诸子百家主要以天人、古今、知行、名实等为研究讨论的重点，主要学派有儒家、道家、墨家、法家等，先秦哲学思想是中国哲学的主要源头。

44. 外国哲学是什么?

外国哲学即西方哲学，是研究西方从古代至当代哲学思想发展变化及其社会影响的专门学科。西方哲学大约经历了古希腊罗马哲学、中世纪哲学、近代哲学和现当代哲学四个时期。

古希腊罗马哲学分为三个阶段：公元前 7 世纪至公元前 6 世纪，这个阶段的哲学被称为自然哲学，著名的代表有米利都的泰利斯、阿那克西曼德、阿那克西米尼和爱非斯的赫拉克利特。公元前 5 世纪，古希腊哲学的重点由研究自然转移到了研究人，代表人物有苏格拉底和智者学派的著名代表普罗泰戈拉、高尔吉亚。公元前 4 世纪古希腊哲学进入系统化阶段，代表人物是柏拉图和亚里士多德。

5—10 世纪是中世纪哲学的早期，这段时期哲学研究的重点是关于普遍与个别的关系问题，主要代表人物是波爱修和爱留根纳。11—14 世纪初，是中世纪哲学的中期，即经院哲学的全盛期。在此期间，基督教的势力强大，经院哲学以基督教的思想为主导。14—15 世纪中，是中世纪哲学的末期。由于罗马教会的衰微、自然科学的发展，亚里士多德哲学中重经验事实的本来面目逐步被认识，人们厌弃教会曲解亚里士多德，于是正统的经院哲学日趋没落，哲学日益脱离神学。

西方近代哲学经历了三个阶段：15—17 世纪初的研究重点是人和自然。17 世纪初至 18 世纪末是近代哲学的中期，哲学的注意力集中在认识主体与客体的关系上。从 18 世纪末的康德哲学起，哲学史上出现了“德国古典哲学”，代表人物有康德、黑格尔、费尔巴哈等。

从 19 世纪 40 年代起，西方哲学史进入了现代哲学的发展时期。19 世纪 40 年代和后半叶，是马克思主义哲学的形成以及它在欧洲的传播和发展时期。20 世纪，马克思主义哲学在世界各国得到了广泛的传播和迅速的发展。在马克思主义哲学形成和发展的同时，西方资本主义国家也逐渐产生了其他的哲学派别，如实证主义、唯意志论、存在主义、结构主义等，这些哲学流派总称为“现代西方哲学”。

45. “希腊三贤”是什么？

苏格拉底、柏拉图、亚里士多德并称“希腊三贤”，苏格拉底是柏拉图的老师，柏拉图是亚里士多德的老师。

苏格拉底（Socrates，约前 469—前 399），古希腊哲学家，雅典人。他有两个重要的哲学命题——“认识你自己”和“德性即知识”。他是把哲学的研究对象从自然转向人类的伟大哲学家。他的生平事迹和思想主要由他的学生整理在《回忆录》中。

柏拉图（Plato，前 427—前 347），古希腊客观唯心主义哲学家。提出“理念论”，认为理念是一，万物是对理念的分有，并指出灵魂是不死的，一切学习都是在回忆。代表作有《巴门尼德篇》《国家篇》《斐多篇》等。

亚里士多德（Aristotle，前 384—前 322），古希腊哲学家、科学家。他否定柏拉图的“理念论”，认为具体的单个事物是独立存在的第一实体；提出著名的“四根说”；肯定认识来源于感觉，把人的心灵比作“蜡块”，感觉是外物印在蜡块上的印记。代表作有《工具篇》《物理学》《形而上学》等。

46. 古希腊的芝诺悖论是什么？

芝诺悖论（Zeno's paradoxes）是古希腊数学家芝诺（Zeno of Elea）提出的一系列关于运动的不可分性的哲学悖论。这些悖论由于被记录在亚里士多德的《物理学》一书中而为后人所知。芝诺提出这些悖论是为了支持他的老师巴门尼德关于“存在”“不动”“是一”的学说。这些悖论中最著名的两个是：“阿基里斯跑不过乌龟”和“飞矢不动”。

如“阿基里斯跑不过乌龟”：阿基里斯是古希腊神话中善跑的英雄。在他和乌龟的竞赛中，他的速度为乌龟的十倍，乌龟在前面100米跑，他在后面追，但他不可能追上乌龟。因为在竞赛中，追赶者首先必须到达被追者的出发点，当阿基里斯追到100米时，乌龟已经又向前爬了10米，于是，一个新的起点产生了；阿基里斯必须继续追，而当他追到乌龟爬的这10米时，乌龟又已经向前爬了1米，阿基里斯只能再追向那个1米。就这样，乌龟会制造出无穷个起点，它总能在起点与自己之间制造出一个距离，不管这个距离有多小，但只要乌龟不停地奋力向前爬，阿基里斯就永远也追不上乌龟！

“乌龟”——跑得最慢的物体不会被跑得最快的物体追上。由于追赶者首先应该到达被追者的出发点，此时被追者已经往前走了一段距离。因此被追者总是在追赶者前面。

这些方法现在可以用微积分（无限）的概念解释，但还是无法用微积分解决，感兴趣的读者不妨尝试去研究芝诺的这种悖论究竟有何问题。

47. 德国古典哲学的创始人是谁？

伊曼努尔·康德（Immanuel Kant，1724—1804），著名德意志哲学家，德国古典哲学创始人，18世纪欧洲启蒙运动重要的思想家之一，他调和了勒内·笛卡儿的理性主义与法兰西斯·培根的经验主义，被认为是继苏格拉底、柏拉图和亚里士多德后，西方最具影响力的思想家之一。其学说深深影响西方近代哲学，并开启了德国唯心主义和康德主义等诸多流派。

康德有其自成一派的思想系统，其理论的一个基本出发点是，将经验转化为知识的理性（即“范畴”）是人与生俱来的，没有先天的范畴我们就无法理解世界。其核心的三大著作被合称为“三大批判”，即《纯粹理性批判》《实践理性批判》和《判断力批判》，这三部作品有系统地分别阐述他的知识学、伦理学和美学思想。《纯粹理性批判》谈的是知识的来源以及知识在什么条件下才有可能实现，他认为知识是先天形式与感性材料的结合，这构成其先验唯心主义，这就是他的哲学部分或形而上学部分。《实践理性批判》是用他的先验唯心主义去研究人的道德行为的原则，它要说明道德原则为什么是先天的、先验的，这就是所谓的伦理学。《判断力批判》是用他的先验唯心主义去研究美的问题，说明美为什么是先天的、先验的，并认为美的艺术必然是由具有天赋异禀的人创造出来的，这就是所谓的美学。

48. 历史思维是什么？

关于历史思维的概念，说法很多。我国学者认为，历史思维是一种全方位考察社会历史问题的思维，它是多角度、多层次的整体思维。

历史思维是指通过感性的认识历史，找出历史事件、历史现象、历史人物活动之间的本质属性和联系，上升为理性认识，实现正确观察历史、研究现实的过程。历史思维是历史学科特有的一种思维活动，始终贯穿在历史学习的过程当中，历史思维能力具有综合性、多样性的特点。如历史事实的理解阐释能力，历史唯物主义和唯物主义的基本观点和方法，历史材料的搜集处理能力，历史现象的再现再认能力、历史问题的分析评价能力、历史知识的应用迁移能力等。

历史思维首先是在理解世界宏观发展脉络的基础上，建立起来的“世界观”。其次是工具性的方法，就是我们在分析研究历史事物时，应该掌握的最基本的辩证思维与唯物思想。再次，历史思维的培养要特别注重逻辑思维能力的培养。最后，作为最基本的历史思维即是一种贯穿时空的对事物发展的理解能力。对时间和空间的强调是这一思维的重要特色。

49. 辩证思维是什么？

辩证思维是指以变化发展视角认识事物的思维方式，通常被认为是与逻辑思维相对立的一种思维方式，在逻辑思维中，事物一般是“非此即彼”“非真即假”，而在辩证思维中，事物可以在同一时间里“亦此亦彼”“亦真亦假”而无碍思维活动的正常进行。

辩证思维指的是一种世界观。它是以世间万物之间的客观联系为基础，进行的对世界进一步的认识和感知，并在思考的过程中感受人与自然的关系，进而得到某种结论的一种思维。辩证思维模式要求观察问题和分析问题时，以动态发展的眼光来看问题。

辩证思维是唯物辩证法在思维中的运用，唯物辩证法的范畴、观点、规律完全适用于辩证思维。辩证思维是客观辩证法在思维中的反映，联系、发展的观点也是辩证思维的基本观点。对立统一规律、质量互变规律和否定之否定规律是唯物辩证法的基本规律，也是辩证思维的基本规律。

辩证思维从哲学的高度为我们提供世界观和方法论，它在更高层次上对其他思维方式有指导和统帅作用。人类对事物的认识有一个由浅入深、由感性认识到理性认识的过程，需要辩证思维帮我们全面总结思维成果，提升成果的认识价值。

50. 创新思维是什么？

创新思维是指以新颖独创的方法解决问题的思维过程，通过这种思维能突破常规思维的界限，以超常规甚至反常规的方法、视角去思考问题，提出与众不同的解决方案，从而产生新颖的、独到的、有社会意义的思维成果。与常规思维相比，创新思维的最大特点在于它的流畅性、变通性和独创性。

创新思维必须突破两大思维障碍。一是思维定式，要具备创新思维，首先要把思维定式打破。二是思维惯性，即习惯性思维、传统性思维。除了打破思维惯性，还要冲破思维封闭。只有冲破思维封闭，才能打开思维空间。

要具备创新思维，还要有创新意识，创新意识是创造力的源头活水。具有创新意识的人，才会去观察生活、反复思考生活中不容易引人注意的问题，并设法解决生活中的各种疑难问题，从而产生强烈的要创造、要发明的愿望。创新意识可以通过培养、训练得到不断的提高。

培养创新思维有许多方法，如习惯逆向思维。逆向思维是相对于顺向思维而言的。再如培养发散思维，就是从某一研究和思考对象出发，充分展开想象的翅膀，从一点联想到多点，再对比联想。此外还有否定思维模式等。否定是创新之母，否定自己的过去，意味着创造更好的未来。

51. 底线思维是什么？

底线思维是一种符合经济社会转型期的以底线为导向的一种思维方法和心态，它要求做最坏的打算，追求最好的结果，强调从最坏处着眼谋划工作，着力避免被动局面，着重掌握工作主动权，是一种典型的后顾性思维取向，注重危机、风险、底线的界定与防范。

底线思维有助于我们更好地克服恐惧心理，摆脱内心的焦虑，明白什么对于我们才是真正重要的；对各种替换方案和解决办法保持更加开放的思维。底线思维的使用时机主要是做出决策时，对做出的决策感到担心时，想对现状做出改变时，当你感到不满足或不安定时，面临威胁和挑战时，当你想说“不”时。

基于底线思维所进行的底线管理是公共管理行为中的一种重要思维方式。底线思维注重对危机、风险、底线的重视和防范，管理目标侧重于防范负面因素、堵塞管理漏洞、防止社会动荡。底线管理是公共管理体系中不可或缺的环节。

第三篇　中国传统文化是什么

52. 中华民族优秀传统文化是什么？

中华上下五千年，我们的祖先创造了灿烂的优秀传统文化。中国传统文化以儒道学说为主，此外还有墨家、法家等哲学流派。儒家对现代社会建设最有价值的是其伦理思想。伦理学上儒家注重自身修养，其中心思想是“仁”，主张人与人之间应注重和谐关系。对待长辈要尊敬、尊重；朋友之间要言而有信；为官者要清廉爱民；统治者要仁政爱民；对待其他人要博爱，要尊重知识，善于学习别人的长处，要有推己及人的思想。

道家具有朴素辩证法的思想，是诸子百家中一个极为重要的哲学流派，对中国乃至世界的文化都产生过较大影响。墨家主张人人平等，反对侵略战争，重视文化传承，掌握自然规律。后期墨家在逻辑学方面有重要贡献，并开始向科学研究领域靠拢。法家是中国历史上提倡以法治为核心思想的重要学派，法家伦理思想指的是建立在人性观基础上的诚信观和义利观。法家先驱管仲认为讲诚信是天下行为准则的关键，倡导在践行变法中注重诚信的作用。

中国优秀物质文化遗产包括古遗址、古墓葬、古建筑、石窟寺、石刻、壁画等不可移动文物，历史上重要实物、艺术品、文献、手稿等可移动文物，以及历史文化名城、名街区、名村镇。重要的世界非物质文化遗产包括口头传统、民俗活动和礼仪节庆、传统手工艺等。

53. 中国古代社会科学的经典著作有哪些？

中国古代社会科学类的经典著作很多，较有代表性的有：

哲学经典：“四书”之一、儒家重要经典《论语》；“四书”之一、以“性善论”著称的儒家经典《孟子》；“道家最精要之书”（梁启超语）《老子》；先秦最有文采的哲学著作《庄子》；战国时期墨家学派的代表著作《墨子》；集先秦唯物主义大成的著作《荀子》，等等。

史类经典：我国第一部纪传体通史，开创纪传体史学、传记文学先河的《史记》；我国最早的编年体史书，“五经”之《春秋》三传之一的《春秋左传》；可与《史记》比美、规模空前的编年体通史巨著《资治通鉴》，等等。

政论经典：战国时期谋臣策士游说和辩论的文献辑录《战国策》等。

学术经典：我国6世纪前最全面系统的综合性地理著作《水经注》；我国现存最早的兵书，世界上最早的军事著述《孙子兵法》，等等。

文学经典：《诗经》《楚辞》《古文观止》《唐诗三百首》《搜神记》《世说新语》《西游记》《水浒传》《三国演义》《红楼梦》《聊斋志异》《西厢记》《窦娥冤》《牡丹亭》等。

文论经典：《文心雕龙》《诗品》《人间词话》等。

54. 诸子百家是什么?

诸子指的是中国先秦时期管子、老子、孔子、庄子、墨子、孟子、荀子等众多学术思想的代表人物；百家指的是儒家、道家、墨家、名家、法家等学术代表流派。诸子百家是对春秋战国、秦汉时期各种学术派别的总称。诸子百家中流传最为广泛的是法家、道家、墨家、儒家、阴阳家、名家、杂家、农家、小说家、纵横家。春秋战国时期各种思想学术流派的成就，与同期古希腊文明相辉映。

诸子百家之所以说是政治学派的总称，是因为其各家的基本宗旨大都是为国君提供政治方略。儒家主张以德化民；道家主张无为而治；法家主张信赏必罚；墨家主张兼爱尚同；名家主张去尊偃兵。汉代以后，墨家和名家成为绝学，农家独立成一门技术性学科，阴阳家演化为神秘的方术。因此对后来大一统王朝政治产生影响的只有儒、道、法三家。

诸子百家的许多思想给后代留下了深刻的启示。如儒家的“仁政”，“己所不欲，勿施于人”的“恕道”；孟子的古代民主思想；道家的辩证法；墨家的科学思想；法家的唯物思想；兵家的军事思想，等等，在今天依然闪烁光芒。

55. 《易经》是什么?

《易经》为易、诗、书、礼、乐、春秋群经之首，即《周易》，相传是周人所作，内容包括“经”和“传”两个部分。“经”主要是六十四卦和三百八十四爻，卦和爻各有说明（卦辞、爻辞），作为占卜之用。“传”包含解释卦辞和爻辞的七种文辞共十篇，统称“十翼”，相传为孔子所撰；但一般认为它并非出自一时一人之手，而是孔门弟子对《周易》经文的注解和对筮占原理、功用等方面的论述。《周易》是中国传统思想文化中自然哲学与人文实践的理论根源，是古代汉民族思想、智慧的结晶。

《易经》对后世有重大影响，主要体现在：其一，经济思想，“致天下之民，聚天下之货，日中为市，交易而退，各得其所”。其二，人道主义思想，傅斯年先生早已指出：“春秋时期人道主义固以发达。”其三，法治思想，六十四卦，有十一卦涉及法治问题。在立法环节，要“明罚敕法”；在执法环节，要“明慎用刑”“赦过宥罪”，盛赞“刑罚清而民服”。其四，自由、平等、民主、革命思想，“神而化之，使民宜之”，“汤武革命顺乎天”更“应乎人”。其五，诚信、改革思想，“一言九鼎”，“革故鼎新”。

56.《论语》是什么?

《论语》是春秋时期一部语录体散文集，主要记录孔子及其弟子的言行。它较为集中地反映了孔子的思想，由孔子弟子及再传弟子编纂而成。南宋时，朱熹将它与《孟子》《大学》《中庸》合称为“四书”。

孔子是《论语》描述的中心，书中不仅有关于他的仪态举止的静态描写，而且有关于他个性气质的传神刻画。此外，围绕孔子这一中心，《论语》还成功地刻画了一些孔门弟子的形象。如子路的率直鲁莽，颜回的温雅贤良，子贡的聪颖善辩，曾皙的潇洒脱俗，等等，都称得上个性鲜明，给人留下深刻印象。孔子因材施教，对不同对象，给予不同教诲，表现了诲人不倦的可贵精神。

《论语》中有许多名言警句，其积极思想仍有现实意义，如“学而时习之，不亦说乎”，“敏而好学，不耻下问”，“三人行，必有我师焉”，“三军可夺帅也，匹夫不可夺志也”，“岁寒，然后知松柏之后凋也”等。

57.《道德经》是什么?

《道德经》是春秋时期老子所著的哲学经典。《道德经》对中国哲学、科学、政治、宗教等产生了深刻影响。据联合国教科文组织统计，《道德经》是除了《圣经》以外被译成外国文字发布量最多的文化名著。

用三个关键词概括《道德经》的思想体系：第一是“自然”，按照事物本来的样子生长，就达到了生命的最佳状态；在道家看来“自然”是万物的最佳状态。第二是“无为”，不折腾，顺应事物的自然本性。第三是“道”，“道”是规律，顺应自然本性就是根本的规律。

《道德经》虽是哲学著作，却有较高的文学性，有些语言极为精辟，是至理名言，如“少私寡欲”“弱之胜强，柔之胜刚”等。有的原句今天已演变为警句，广泛流传。如“功成，名遂，身退”，现为“功成身退”；“大巧若拙，大辩若讷”，现演变出“大智若愚”；“天网恢恢，疏而不失”，现为“天网恢恢，疏而不漏”；“知足之足，常足矣”，现为“知足常乐”等。

58.《孙子兵法》是什么?

《孙子兵法》又称《孙武兵法》《孙子兵书》《孙武兵书》等，是我国现存最早的兵书，也是世界上最早的军事著作，被誉为“兵学圣典”，处处表现出道家与兵家的哲学。《孙子兵法》共有六千字左右，一共十三篇。作者为春秋时祖籍齐国乐安的吴国将军孙武。《孙子兵法》竹简出土于山东临沂。

《孙子兵法》中的伦理思想，具有明显的齐文化伦理思想特点。表现在一方面讲“仁”“礼”，另一方面重功利。孙武将“仁”用于对士卒的管理和教育方面。《孙子兵法·计篇》说，“视卒如婴儿”“视卒如爱子”，体现了“仁”的思想。

《孙子兵法》的一至三篇讲战略运筹；四至六篇为作战指挥；七至九篇为战场机变；十至十一篇为军事地理；十二至十三篇为特殊战法。

《孙子兵法》诞生至今已有 2 500 年历史，历代都有研究。如今，孙子兵法已经走向世界，被翻译成多种语言，在世界军事史上具有重要地位。

59. 四书五经是什么?

四书五经是四书和五经的合称，泛指儒家经典著作。四书指的是《论语》《孟子》《大学》《中庸》，五经指《诗经》《尚书》《礼记》《周易》《春秋》。四书之名始于宋代，五经之名始于汉武帝。

四书中的《大学》是儒家学派的入门读物，朱熹把它列为“四书”之首。《中庸》是朱熹把其从《礼记》中抽出来，与《论语》《孟子》《大学》一起并称四书。记录孔子及其弟子言行的《论语》是儒学最重要的经典。《孟子》是记录孟子及其弟子言行的书，朱熹编《四书集注》时列入了《孟子》，正式把《孟子》提到非常高的地位。

五经中的《诗经》是中国最早的一部诗歌总集，共收录周代诗歌 305 篇。《尚书》意为“上古之书”，是上古历史文件和部分追述古代事迹作品的汇编。《礼记》是战国到秦汉年间儒家学者解释说明经书《仪礼》的文章选集。《周易》即《易经》被誉为诸经之首。《春秋》原是鲁国史官所编，相传经孔子整理修订，被赋予特殊意义，因而也成为儒家重要经典之一。

60. 中国古代六艺是什么?

“六艺”是古代儒家要求学生掌握的六种基本才能，分别是礼、乐、射、御、书、数。

礼：民间婚嫁、丧娶、入学、拜师、祭祀自古都有礼乐之官（司礼），国家宗庙祭祀方面，古代官方常设太常寺、祠祭署等礼仪衙曹，设立读祝官、赞礼郎、祀丞等礼仪官。

乐：有礼则必有庆贺燕飨之乐，有庆贺燕飨之乐则必有五音宫商角徵羽伴奏，古代朝廷设立掌管音乐的官吏，并负责宫中庆贺燕飨之乐。

射：不但是一种体育活动，更是一种修身养性培养君子风度的方法。中国古代的“射艺”包含两个主要运动：射箭和弹弓，春秋时期还发明了弩。

御：即驾驶，无论古代还是现代，都包含交通工具的“驾驶学”及政治领导和管理学领域的“驾驭学”两重意思。

书：即书法（书写、识字、文字），《汉书》首先谈到六书的具体名称：“古者八岁入小学，故周官保氏掌管国子，教之六书。”

数：即数学之数，现代已经延伸为“数理化”之数。我国古代数学很早就已经很发达，古代数学体系的形成以汉代《九章算术》的出现为重要标志。

61. 中国书法艺术是什么?

中国书法是一门古老的艺术，从甲骨文、金文演变而为大篆、小篆、隶书，到东汉、魏晋时期，草书、楷书、行书诸体基本定型，书法时刻散发着古老艺术的魅力。

书法比较集中地体现了中国艺术的基本特征。正如在西方美术中建筑和雕塑统领着其他门类的造型艺术一样，书法和绘画统领中国美术的其他门类，列为中国美术之首。

书法与传统中国画的关系十分密切。特别是宋元文人画出现以后，绘画用笔讲究从书法中来，水墨写意与书法的行草意趣相通。中国古代雕塑中也蕴含着书法的特征。工艺美术和民间美术，也不同程度地受到书法的影响。书法可以视为中国美术之魂。

著名的书法家有王羲之、欧阳询、颜真卿、柳公权、张旭、苏轼、米芾等。王羲之被称为“书圣”，作品平和自然，奇逸豪放，是承前启后的书法家。欧阳询吸收了北朝碑刻和其他唐代书法家的长处，形成了“险劲”而“平稳”的书法风格。颜真卿的书法刚健有力，气势雄伟，富于创新。柳公权的作品风格清瘦、秀丽。唐代大书法家张旭以草书而闻名，被誉为“草圣”。苏轼书法苍劲、豪放，主张“书无常法”，与黄庭坚、米芾、蔡襄并称“宋四家”。米芾平生于书法用功最深，成就以行书为最大。

62. 中国古代四大书院是什么?

自宋代以来我国就有“四大书院”的说法，被人们普遍认可的为应天书院、岳麓书院、嵩阳书院、白鹿洞书院。

应天书院由五代后晋时商丘人杨悫创办，位于河南省商丘市睢阳区国家4A级风景区。北宋大中祥符二年（1009），宋真宗正式赐额为应天书院，宋仁宗景祐元年（1034），应天书院改为府学，为应天府书院，庆历三年（1043）改为南京（北宋陪都，今河南商丘）国子监，为北宋最高学府。

岳麓书院始建于北宋初期。北宋开宝六年（973），以尚书出任潭州太守的朱洞创建了岳麓书院。宋真宗大中祥符五年（1012）经学家周式担任山长主持岳麓书院后，书院得到迅速发展，宋真宗赐“岳麓书院”题额，于是“书院称闻天下，鼓简登堂者不绝”，到南宋的乾道年间，岳麓书院达到鼎盛时期。

嵩阳书院位于河南省登封市区北2.5公里嵩山南麓，创建于北魏孝文帝太和八年（484），时称嵩阳寺，至唐代改为嵩阳观，到五代时周代改建为太室书院。宋代理学的“洛学”创始人程颢、程颐兄弟都曾在嵩阳书院讲学，此后，嵩阳书院成为宋代理学的发源地之一。明末，该书院毁于战火，清代康熙时得以重建。

白鹿洞书院为宋代四大书院之首，且有“海内书院第一之称”。位于江西九江庐山五老峰南麓后屏山下（星子县白鹿镇境内），西有左翼山，南有卓尔山，三山环台，一水（贯道溪）中流，无市井之喧，有泉石之胜。

63. 中华传统孝道是什么？

“孝”作为一个伦理观念正式提出是在西周。在西周，孝的含义有：一是尊祖敬宗。施孝（尽孝）的方式主要是祭祀，这带有一定的宗教形式。二是传宗接代。在周代的人们看来，祖先是我辈的生命之所在，因此，崇拜祖先就是把祖先的生命延续下去，生生不息。

所谓孝道文化，就是关于关爱父母长辈、尊老敬老的一种文化传统。孝道文化内容丰富，涉及面广，既有文化理念，又有制度礼仪。

孝与感恩是中华民族最基本的传统美德。孝是子女对父母的一种善行和美德，是家庭中晚辈在处理与长辈的关系时应该具有的道德品质和必须遵守的行为规范。

中国传统孝道文化从敬养上分析，除了敬亲，即孝敬父母，还要立身，即成就一番事业。一生庸庸碌碌，是对父母的不孝。并且当父母有不义的时候，不仅不能顺从，还应谏诤父母，使其改正不义，这样可以防止将父母陷于不义。

64. 孔孟仁学是什么？

孔子以“仁”注礼，形成了以“仁”为核心的全面道德规范体系。孟子面对诸侯争霸的乱世，在“人性善”的基础上提出了“仁政”的思想。孔子与孟子仁学的区别：一是政治主张不同，二是思想立足点不同。孔子主张恢复周礼，即恢复贵族具有诸多特权的等级制度；孟子则不同，其更加关注下层社会的百姓。

孔子的思想是以“仁”为核心的体系，主张“仁”是一个全面的道德规范体系。孟子则在“仁”的基础上将其形象为“不忍之心”，并建立“性善论”来对其进行论述，进而提出“仁政”的概念。要求执政者“保民而王”，贵民是其核心。

孟子仁政的目的主要是解决当时国家政权的合法性危机。他认为，君主是站在道德制高点上的，当无德之人占据此位时，百姓有权推翻他。官员则要做到保民，这是官员为政的最高道德表现。

65. 宋明理学是什么？

宋明理学是两宋至明代的儒学的发展，是儒家思想汲取道家、玄学、道教、佛教的有益内容，并注入哲学因素，囊括天人关系的思想体系。

周敦颐为宋明理学的鼻祖，是“二程”即程颢与程颐的老师，为宋明理学的发展奠定了基础，其对朱熹的思想形成有着重要影响。周敦颐著作《太极图说》被视为理学之大纲。

程颢与程颐确定了理学的最高范畴“天理”，这里的“天理”是封建等级秩序和道德规范。“二程”还提出“格物致知”的认识论，把知识、道理、天理联系起来。朱熹为集理学之大成者，强调“存天理，灭人欲”，主张通过学习、实践提高自身的修养。

南宋时期理学发展到心学，陆九渊是心学的开创者，其核心命题是“心即理也”，意思是本心即天理。王守仁是心学的集大成者。在认识论上，他提出“致良知”学说，认为良知就是本心，就是理，天理就在自己心中，只要克制私欲、恢复良知就能成为圣贤。

66. 以人为本是什么？

“以人为本”的直接解释是以人为“根本”。以人为本的理念有三层含义：其一，发展应当是以人为本，而不应当是以物或以经济为本；其二，发展应当是以绝大多数人的利益为本，而不应当是以少数人的利益为本；其三，发展应当是以无数个具有平等权利的个体人为本。

中国古书中最早明确提出“以人为本”的是春秋时期齐国名相管仲。管仲所说的以人为本，就是以人民为本。在我国古文献中，“人”与“民”二字经常连用，合成为一个词组。应该说，以人为本与以民为本，意思完全相同。孟子强调“民为贵，君为轻”，孟子又说：“诸侯之宝三，土地、人民、政事。”可见孟子所说的“民为贵”也就是以人为本之意。

当代国学学者在总结我国历史优秀文化遗产时，虽然有“以民为本”的提法，但是更多的是用“以人为本”的说法，并将以人为本与天人合一、刚健有为、贵和尚中并列为中国传统文化的四大要点。

67. 天人合一是什么?

天人合一是我国古代的一种政治哲学思想。季羡林先生对其解释为：天，就是大自然；人，就是人类；天人合一的合，就是互相理解，结成友谊。天人合一思想指出了人与自然的辩证统一关系；表明了人类生生不息、则天、希天、求天、同天的完美主义和进取精神。

当代中国的科学发展观理论吸取了“天人合一”思想的精华。科学发展观的第一要义是发展，核心是以人为本，基本要求是全面、协调、可持续性，根本方法是统筹兼顾。科学发展观的理论核心，有两条基础主线：

其一，努力把握人与自然之间关系的平衡，寻求人与自然的和谐发展及其关系的合理性存在。同时，把人的发展同资源的消耗、环境的退化、生态的胁迫等联系在一起。其实质就体现了人与自然之间关系的和谐与协同进化。

其二，努力实现人与人之间关系的协调。有效协同“人与自然”的关系，是保障可持续发展的基础；而正确处理“人与人”之间的关系，则是实现可持续发展的核心。

68. 天下为公是什么?

“天下为公”出自《礼记》。《礼记·礼运篇》讲：“大道之行也，天下为公，选贤与能，讲信修睦。故人不独亲其亲，不独子其子，使老有所终，壮有所用，幼有所长，矜、寡、孤、独、废疾者皆有所养……”

国人熟悉“天下为公”这四个字，皆因孙中山先生的推崇。“天下为公”是孙中山及廖仲恺先生革命学说的指导思想，三民主义精神倡导天下为公，认为彻底铲除“私天下”带来的社会弊端，争取人人平等、致力解决民生问题才能使社会充满光明，百姓得到幸福。天下为公与天下公平、天下大同的意思是相近的。

天下为公是中华民族传统美德的重要规范。天下为公的主张是对“私天下”统治理念的扬弃。清初大思想家王夫之在其著作《读通鉴论》中指出，明代亡国的原因，在于“以一人疑天下”，“以天下私一人”。天下为公与中国共产党执政为民的理念是一致的。

69. 厚德载物是什么?

“厚德载物”一语出自《易经》，原文是：“天行健，君子以自强不息。地势坤，君子以厚德载物”，阐述才能与德行之间的对应关系。“天行健（苍天高高在上，以强有力不可抗拒的运行法则影响世界），君子以自强不息（有才能的人应该不断追求、进取、强壮自己）”，阐述强者应当通过不断努力使自己具备超凡的济世才能。“地势坤，君子以厚德载物”中“厚德载物”的意思是说，以深厚的德泽育人利物，今多用来指以崇高的道德、博大精深的学识培育学子成才。

厚德载物作为中华美德的一种概括，历来是仁人志士崇尚的最高道德境界。厚德载物思想能够培养人们的仁爱之心，使人克制欲望、减轻自私自利之心，爱他人、爱社会、爱人类、爱万物。只有道德高尚、胸怀博大的人才能得到最快的发展和感受人生的幸福。

70. 和而不同是什么?

在孔子的思想体系中，有两个观点极具现实意义：一个是“己所不欲，勿施于人”，另一个就是“君子和而不同”。前者已被《世界人类责任宣言》确定为全球治理的“黄金规则”；后者对于我们构建和谐社会和多元世界具有重要的启示意义。

“和而不同”的意思是和睦地相处，但不随便附和。出自《论语·子路》：“君子和而不同，小人同而不和”。“同”，苟同，大概意思是：君子在人际交往中能够与他人保持和谐友善的关系，但在对具体问题的看法上不必苟同于对方。小人习惯于在对问题的看法上迎合别人的心理、附和别人的言论，但在内心深处并不抱有一种和谐友善的态度。

真正的君子之交并不寻求时时处处保持一致；相反，容忍对方有其独立的见解，并不去隐瞒自己的不同观点，才算得上赤诚相见、肝胆相照。

71. 经世致用是什么?

经世致用是指学问必须有益于国事。由明清之际思想家王夫之、黄宗羲、顾炎武等提出。他们认为学习、征引古人的文章和行事，应以治事、救世为急务，反对理学家不切实际的空虚之学。

《辞源》将“经世”解释为治理世事，“经济”解释为经国济民，“致用”为尽其所用。《辞海》的解释为：明清之际主张学问有益于国家的学术思潮。由此可以给经世致用下一个定义：经世致用就是关注社会现实，面对社会矛盾，并用所学解决社会问题，以求达到国治民安的实效。这一思想体现了中国传统知识分子讲求功利、求实、务实的思想特点以及“以天下为己任”的情怀。

今天我们弘扬传统文化，同样要注重经世致用。要以天下为己任，关心国家、民族的兴亡和人民大众的疾苦。爱国“经世”的优良传统、务实革新的精神和求真求是的学风，对于正在进行的中国特色社会主义建设，有重大的现实意义。

72. 大同社会是什么？

世界“大同”与“天下为公”一样，都是千百年来中国人的理想。大同社会是人们理想中的社会。《礼记·礼运篇》中说：“大道之行也，天下为公，选贤与能，讲信修睦。故人不独亲其亲，不独子其子，使老有所终，壮有所用，幼有所长，矜、寡、孤、独、废疾者皆有所养，男有分，女有归。货恶其弃于地也，不必藏于己；力恶其不出于身也，不必为己。是故谋闭而不兴，盗窃乱贼而不作，故外户而不闭，是谓大同。”这是孔子描绘的大同世界、理想社会。

按照孔子的描绘，要达到大同社会的要求最起码要做到以下三点。其一，人人都能受到全社会的关爱，特别提到对“矜、寡、孤、独、废疾者”五种人要提供生活保障。其二，人人都能安居乐业。“有分”，就是有稳定的职业，能安心地工作；“有归”，就是男女婚配及时，有和乐的家庭。其三，货尽其用，人尽其力。只有树公心、去私心，才能达到货尽其用、人尽其力的境界。

73. 《四库全书》是什么？

《四库全书》是在乾隆皇帝主持下，由纪昀、永瑢等 360 多位高官、学者编撰，3 800 多人抄写，费时十三年编成的百科全书。共收书 3 460 多种，79 000 多卷，36 000 多册，基本囊括中国古代所有图书，故称为“全书”；丛书分为经、史、子、集四部，故名为“四库”。

虽然《四库全书》在编纂的过程中有删削、挖改内容的过错，但它几乎囊括了清代中期以前传世的经典文献，中国文、史、哲、理、工、农、医等几乎所有学科都能在这里找到源头和血脉，被称为中华传统文化最丰富、最完备的集成之作。《四库全书》开创了多层次的编撰古籍和保存工程的方法，对后世的图书分类也产生了重要影响。

《四库全书》除一本底本外还有手抄七本，分别藏于北方的文渊阁、文源阁、文溯阁、文津阁和南方的文宗阁、文澜阁、文汇阁。《四库全书》修成至今已有200余年，其间曾被焚毁、删削、篡改、错讹，现剩存文渊阁本、文津阁本、文澜阁本、文溯阁本，其他三个版本已无存。

74. 红学是什么？

“红学”是研究《红楼梦》的综合性知识学科，横跨文学、哲学、史学、经济学、心理学、中医药学等多个学科。

“红学”最早出现于清代李放的《八旗画录》。红学分为三个阶段：旧红学、新红学、当代红学。最早开辟《红楼梦》阐释新天地的是清代“索隐派”。其学者以题咏、评点、索隐的方式来研究《红楼梦》，绝大多数著作满足于趣味性，缺乏真正有思想价值的再创造，因此索隐派被称为“旧红学”。“新红学”的创始人是胡适，时间是在“五四”运动前后，以王国维、俞平伯为主。这时候的红学以考证作者、版本为主，并较早从文学、美学、哲学角度研究《红楼梦》。20世纪50年代，由于意识形态的原因，关于《红楼梦》的思想内容的研究受到重视。20世纪70年代末直到现在，红学有了新的文艺理论、学术观点等的支撑，是红学大发展的时代，我们称此时期的红学为“当代红学”。

第四篇　宗教学是什么

75. 宗教学是什么?

宗教学属于哲学的二级学科，是认识宗教现象的本质，揭示宗教产生和发展规律的科学。宗教学所研究的对象是作为社会现象的宗教。宗教与哲学、道德、法律、政治、文学、艺术一样，是上层建筑和社会意识形态的重要组成部分之一。每一种社会现象，上层建筑和社会意识形态的各个部门都应该而且可能成为人类认识和科学研究的对象，在此基础上，建立起独立的、自成体系的各种哲学社会科学学科。

宗教是人类社会发展到一定历史阶段出现的一种文化现象，属于社会特殊意识形态。与民间神话一样，宗教也有自己的神话传说，彼此相互串连，其实是一种心灵寄托。随着人类科技智能的发展，世人开始排斥与科学理性相对的宗教信仰，认为其中多含有迷信色彩。如基督教自中世纪以来，就不断受到科学合理性要求的挑战。

宗教的优点是让信仰者有行动的能力，如果一个宗教宣传积极向上的思想，无疑能使宗教信仰者做出有利于社会的行为，它可以使人断恶修善，惩恶扬善。相反，如果一个宗教宣扬不利于社会和平稳定发展的思想，那么宗教信仰者对社会的危害是很大的。

宗教信仰自由和政教分离是我国的宗教政策和基本政策。第一是尊重和保护宗教信仰自由，把它看作是公民个人的私事。第二是坚决实行政教分离的原则。既不利用政权推行或禁止某种宗教，也不允许利用宗教干预国家行政、司法、教育和社会生活等事务。

76. 民俗宗教与制度化宗教的区别是什么?

民俗宗教是植根于一个地方或者部落、民族、国家普通民众中的宗教，具有世俗化、大众化的特点，其宗教观念在大众中根深蒂固，甚至成为一个地方、部落、民族、国家的人文特征。而制度化宗教是经过提炼、体系化、制度化的宗教，比如佛教、中国的宗法性传统宗教等。民俗宗教与制度化宗教的差别具体表现在以下四个方面：

信奉对象。制度化宗教一般有一个至高无上的信奉对象；而民俗信仰一般是在泛神崇拜基础上选择一种或多种不同行业的信仰对象，这些信仰对象之间并无主次或主从的分别。

信仰体系和经典。制度化宗教都有较完整的教义学说和信仰体系，能形成经典；而民俗信仰并无完整的信仰体系，也没有成系统的经典。

教规戒律。制度化宗教几乎都有共同遵守的教规戒律，甚至还设有宗教法庭来维护教规戒律的执行；民俗信仰则无信仰者共同遵守的教规戒律以及强制执行的机构。

组织。制度化宗教有固定的信徒组织如教会、教团等；而民俗信仰一般无固定的组织机构，其信徒是广泛散布于社会的自由信仰个体或小的社会群体。

77. 中国传统的上帝信仰是什么?

中国古代的上帝，就是当时的祖宗神，即五帝。五帝中最优秀者是黄帝和炎帝。也就是说，秦汉及其以前，炎黄子孙所信仰的上帝，乃是他们的祖宗。隋唐时期，国家礼典里至上神的名字依据《周礼》，被正式确定为“昊天上帝”。依儒者毛氏对于《诗经·黍离》中“悠悠苍天”的解释，“昊天”的意思是“浩大元气”，而“上帝”的意思是说，天就像君主一样统治着世界。

与基督教的上帝不同，中国传统中的上帝信仰自古以来就为君王所垄断，君王是上天之元子，站在上帝与百姓之间，是上帝在人间的唯一代表，君王代表上帝治理天下百姓，因此百姓只能崇拜天子，不能崇拜上帝。西汉时就规定，只有天子可以祭祀上帝，公侯们可以祭祀百神，即各种自然神及祖先神。而卿以下，以及普通百姓只能祭祀自己家族的祖先。

今天多数中国人，没有祭祀上帝和祭祀天地、山川、河流等自然神的习俗，但保留了祭祀祖先的习俗。每年清明节，祭祖队伍浩浩荡荡，烧香磕头，以期告慰先祖之灵。

78. 宗教冲突与宗教对话是什么？

世界各地在历史上曾爆发过许多次宗教冲突。宗教冲突，是由于意识形态、信仰习俗的差异所导致的。由于教义不同，每个宗教的信徒往往认为自己的神才是真神，只有委身于该宗教才可得到拯救。态度稍微温和一些的教徒认为其他宗教在接受神的恩典时出现偏差，正统的教徒得去纠正他们。态度激进一些的教徒认为信仰其他神明的都是异教徒，应该受到审判。这种宗教之间的冲突往往由教义之争，进而导致武力斗争。历史上有名的宗教战争有十字军东征、中东战争等。另一类宗教冲突，是教内的冲突，比如不同基督派别对于基督教教义的不同理解导致的斗争等。

宗教对话是指不同的宗教在一个或多个平台上以平等的身份地位展开的交流，旨在互相理解、求同存异，减少或者避免不必要的冲突，予社会以更大公益。不同宗教的有识之士和某些机构，已经表现出愿意进行宗教之间对话的良好愿望，而且早就开始宗教对话合作行动。1993 年在芝加哥召开的“世界宗教议会”，就有来自世界各宗教的 6 500 人参加，并讨论通过了宗教史上第一份《走向全球伦理宣言》。

79. 邪教与宗教的区别是什么？

邪教与正常宗教的信仰无论在信仰理念、道德行为、信仰方式、组织方式还是社会作用等方面，都有着本质区别。正常的宗教对社会发展有较强的适应性，与社会进步保持一种良好的和谐关系。而邪教给人类社会带来的是破坏和灾祸，是恐慌和痛苦。

信仰理念上，宗教追求超越精神；邪教却大肆宣扬教主万能，这是一种极端的现代迷信，与宗教中追求绝对、终极的信仰理念有着根本的区别。

道德行为上，宗教强调积德行善、助人济世；邪教如“法轮功”却贪权、贪财、贪色，是邪恶的化身，给社会构成的危害不胜枚举。

信仰方式上，正常宗教的宗教活动奉公守法、尊社爱教。而邪教却宣扬“神迹神力”，鼓吹迷信与盲从，给受骗群众的身心健康造成巨大伤害。

组织方式上，正常的宗教组织公开、合法，与社会秩序和民众健康保持一种良好的和谐关系。而邪教的组织形式则多具非法性和诡秘性，扰乱社会正常秩序。

80. 世界三大宗教是什么?

世界三大宗教是基督教、伊斯兰教、佛教。这三大宗教是目前仅有的被部分国家列为国教的宗教。

上述宗教里，基督教是世界上信仰人口最多的宗教。基督教主要有三大流派，即天主教、基督新教和东正教，其中东正教与天主教的信徒较多，基督新教徒相对较少。伊斯兰教包括逊尼派和什叶派两大派别，其中逊尼派占多数。佛教有南传佛教、汉传佛教、藏传佛教三大派系。佛教起源于古印度即今尼泊尔境内，主要分布在东亚和东南亚地区，于西汉末年、东汉初年经丝绸之路传入中国。

三大宗教都起源于亚洲，也就是古代文明发达地区，其诞生都具有社会文明的依靠，有一定的经济基础，并且都是在深刻的社会政治背景之下产生的。

三大宗教的信仰：基督教导人向善，洗净罪恶，宽解心灵；佛教思维博大，追求全知；伊斯兰教给人们以规范，教人安定。慈悲、博爱、和平，是三大宗教的真谛。

81. 佛教是什么?

世界三大宗教之一的佛教，是距今三千多年由迦毗罗卫国（今尼泊尔境内）王子乔达摩·悉达多所创。佛，意思是“觉者”。佛教重视人类心灵和道德的进步和觉悟。佛教信徒修习佛教的目的即在于依照悉达多所悟到的修行方法，发现生命和宇宙的真相，最终超越生死和苦，断尽一切烦恼，得到解脱。因为佛祖属于释迦，人们又称他为释迦牟尼。

佛教传入中国的确切年代尚无定论，最广泛的说法是东汉。封建社会后期，汉地佛教衰落。新中国成立后特别是改革开放以来，宗教信仰自由政策的恢复和落实，使中国佛教事业获得新的发展。

佛教主要有汉传佛教、藏传佛教和南传佛教三大派别。藏传佛教主要流行于西藏、云南、四川、青海、新疆、甘肃、内蒙古等省、自治区。南传佛教主要分布于云南西双版纳傣族自治州、德宏傣族景颇族自治州。

佛教对中国文化特别是对老百姓道德观的影响是相当大的。比如善有善报、恶有恶报的因果说，就是多数国人沿用至今的生活准则。

82. 基督教是什么?

世界三大宗教之一的基督教，发源于中东地区，它是一种信仰神和天国的宗教。基督教主要有天主教（又称“公教会”）、东正教（又称“正教会”）、基督新教（华人俗称“基督教”）三大派别，以及其他许多规模较小的派别。基督教虽然产生于中东地区，但后来由于阿拉伯帝国和奥斯曼土耳其帝国的兴起、扩张和持续打压，基督教的传播中心逐渐转移至欧洲并在欧洲发扬光大，并由此传播至远东、美洲、非洲、大洋洲等地。

中文语汇的“基督教”一词时常专指基督新教，这是中文目前的特有现象。天主教、东正教和基督新教的统称一般用“基督宗教”这个词。基督教提倡包容、进步精神，敬仰并感恩基督。耶稣是基督教中的核心人物，是基督教的创建者。基督教号召自由、民主、仁爱、诚实与道义。消除内心的不良欲望，对犯下的过错和自身的罪恶进行忏悔，净化心灵。

犹太教是所有基督宗教的起源，是最早且最古老的宗教之一。犹太教的形成代表着基督宗教的诞生。

83. 基督教对西方文化的重大影响是什么?

基督教对西方文化的影响是多方面的，它渗透到西方哲学、法学、教育、科学、艺术等多个领域。

基督教奠定了近代西方的哲学思辨传统，为西方哲学理性思维的发展开拓了空间。宗教和哲学互相影响是西方思想的重要特色。至于法学领域，现代罗马法精神正是经历了欧洲基督教世界的改造，进一步理性化和世俗化。基督教为近代西方教育打下了基础。西方的大众教育基本上是立根于基督教，是基督教兴起了全民教育的概念。

基督教影响西方艺术的例子更是俯拾皆是。文学领域，中世纪早期出现的教会文学作品多是赞美诗和描写基督与圣徒生活的戏剧。绘画方面，《圣经》中的故事是世界艺术史上的中心主题。至于造型艺术，基督教的发展影响了西方建筑的特色，基督精神是很多艺术作品的主题和表达的思想。

84. 天主教与基督教的区别是什么？

天主教与基督教的区别主要有：

天主教以罗马教廷为组织中心，承认教皇为最高领导，具有浓厚的“普世”以及“一统”的色彩。基督教则反之，不接受教皇的领导权威，认为教皇制是历史的、人为的产物，没有自己的权力中心，教派间联系松散。

天主教对耶稣之母玛利亚特别恭敬，尊其为“天主之母”。天主教徒非常恭敬圣徒、天神、圣像、圣物，基督教的教堂中则见不到这些事物，在他们看来，这是偶像崇拜。

天主教认为，圣事对于信徒的成圣、恩宠的赋予有着十分重大的意义，是神人沟通不可或缺的渠道。基督教则认为，人是“因信称义”。因此，即使在基督教保留着的两项礼仪，即洗礼和圣餐中，其意义与天主教也大不相同。另外，天主教除承认“天堂”“地狱”外，还承认“炼狱”的存在，基督教则只承认前两者。

基督教与天主教在读经态度上不同，基督教强调个人的发挥，天主教讲究集体的注释。

天主教的神职人员，按照教会传统过独身生活，不忌烟酒；而基督教的牧师则可以结婚，但一般忌烟酒。

85. 伊斯兰教是什么？

世界三大宗教之一的伊斯兰教由穆罕默德创立，公元 7 世纪初兴起于阿拉伯半岛。信徒大多分布在阿拉伯国家。在亚非 50 多个伊斯兰国家中，穆斯林占全国总人口的大多数。在 30 多个国家中，伊斯兰教被定为国教。尽管穆斯林分布于世界各地，国籍、民族、肤色和语言各不相同，却共同恪守着那古老而纯洁的教义，即宇宙间只有一个主宰——“安拉”，并且依照各自的理解，遵循《古兰经》教义。

伊斯兰教主要分为逊尼派和什叶派两大派系，中国的穆斯林大多是逊尼派。

伊斯兰教是个热爱和平的宗教，希望团结，要求“穆斯林四海皆兄弟”。无论种族、语言、肤色存在多大的差异，只要皈依伊斯兰，相互之间都以兄弟相称。

伊斯兰教崇尚科学，许多关键的学科及概念体系，诸如代数学、阿拉伯数字，以及零的概念都是经由伊斯兰文明传播到中世纪的欧洲大陆。许多复杂的仪器，包括观象仪（星盘）、象限仪和精确航海图的发展为欧洲人的远航探索提供了必备的条件。

86. 儒教是什么？

儒教指儒家学派，又称孔教。中国历史上把孔子创立的儒家学派视同宗教，与佛教、道教并称为三教。

儒者们认为，上帝给人类指派了君和师，让他们来教化、治理上帝的子民。到东汉，国家正式把孔子作为国家的公神，其地位和社稷神同等。唐代，每个县都要建庙祭祀孔子。唐代以后，孔子的地位不断提高，对孔子的封号也不断增加。清代，孔子祭祀一度成为和上帝、和国家的祖宗神同等级别的“大祀”。

儒教没有在政权组织以外建立自己的组织，政权组织同时也是儒教的宗教组织，即《周礼》的官职结构。在这个组织任职的官员同时也是一种教职，执行宗教职能。高居于整个政权组织之上的是君主。君主不仅是国家元首，也是最高的教职，他在最隆重的祭天大典上，担任主祭。

87. 道教是什么？

道教发源于春秋战国时期，在战国时代道教把道德哲学家神化了。到汉代后期教团产生，益州（今四川）的天师道奉老子为太上老君。至南北朝时道教宗教形式逐渐完善。

道教以道为至高信仰，认为无形无象、玄之又玄、无法言说。道在人和万物中的显现就是德。故万物莫不尊道而贵德。道散则为气，聚则为神。《道德经》的“道生一，一生二，二生三，三生万物”就是“不停地无中生有、有又还无地周而复始运转变化”。现在科学理论一般浅显地理解为“道”是化生宇宙万物的本原。

道教有其积极的现实意义：道法自然，珍爱生命，主张保护自然环境，修身养性，追求人与自然的和谐等。

88. 禅宗是什么?

禅宗又名佛心宗，教外别传。禅宗不是汉传佛教，又不离汉传佛教，是中国特色的本土佛教——汉族佛教。作为具中国特色的本土佛教，在中国所有佛教宗派中，禅宗是影响最广、规模最大、持续时间最长的一个宗派。

《六祖坛经》《五灯会元》等是禅宗的佛经。《百丈清规》是禅宗的律。

禅宗至五祖弘忍下分为南宗慧能、北宗神秀，时称“南能北秀”。慧能传承的禅宗，让中国人知道佛教不从外来，佛性人人皆有，创顿悟成佛之学，他被视为禅宗的真正创始人。

禅宗祖庭一是少林寺，二是南华寺。少林寺是中华乃至日本和东南亚禅宗祖庭，也是少林武术的发源地。南华寺是禅宗六祖慧能弘扬“南宗禅法”的发祥地，六祖慧能在此传授佛法 37 年，法眼宗远传世界各地，因而南华寺有南禅“祖庭”之称。

第五篇　伦理学是什么

89. 伦理学是什么?

伦理学是关于道德问题的理论，是研究道德的产生、发展、本质、评价、作用以及道德教育、道德修养规律的学说。

西方伦理思想以古希腊伦理思想为源头，中世纪产生了基督教伦理思想，至近代，资产阶级伦理学家在批判了宗教伦理思想的基础上形成了以穆勒为代表的功利主义伦理学和以康德为代表的道义伦理学两大主要流派。20 世纪 70 年代，以罗尔斯为代表的规范伦理学和以麦金太尔为代表的美德伦理学逐渐成为主流。

中国伦理思想诞生于殷周，奠基于春秋战国，产生了以孔子、老子、墨子、韩非子等为代表的各家学派的伦理思想，至秦亡汉兴，汉儒在统治者支持下创立了以“三纲五常”为核心的伦理思想体系，与官方经学紧密地联系在了一起。经历代发展，形成了儒、释、道三家矛盾又互补的中国古代伦理思想的总体结构。

90. 道德的起源和本质是什么?

道德的起源就是指道德在人类历史上发生和形成的过程。道德的本质是道德现象的内在联系及根本性质，通俗地讲就是在道德现象背后所存在的一种共同性，即统一性。

中外伦理史上关于道德起源及其本质的问题众说纷纭。宗教神学的伦理学家认为道德来源于神的意志，我们应该遵守教义教给我们的规范，遵守神的旨意。先验的伦理学家的主张比较好理解，道德来源于人的良心。在中国，我们常说人性本善，质问不道德行为时会说：“你到底有没有良心?”或称改正错误的人“良心发现”。在先验的伦理学家比如康德那里，道德源自一种超出于我们经验之外的善良意志，是人生而有之的。

唯物史观的伦理学强调“人是社会关系的总和”，道德源于人类交往行为的需要，不同时期的交往行为不同便会产生不同时期的道德标准来适应社会关系的发展，在唯物史观那里，道德标准是在不停发展的。

91. 道德原则是什么?

道德原则是一定社会或阶级用以调整个人与他人、个人与集体、个人与社会整体之间利益关系的根本指导原则，也是用于评价人们行为的是非、荣辱、正邪、善恶的根本标准。道德原则表现了道德的社会本质与人们行为整体的基本方向，规定着各种道德关系的基本类型。

道德原则和道德规范既有区别又有联系。道德原则是道德规范体系的总纲，起着主导作用，具有普遍性、全面性和相对的稳定性，而道德规范则是它的展开、补充和具体化，具有一定的适用范围和变动性。

在进行道德选择和道德判断时，经常依据的道德原则有很多。比如，集体主义原则、个人主义原则、合理利己主义原则、功利主义原则、利他主义原则、为己利他或己他两利原则等。社会主义社会的道德原则是集体主义，这是我国的社会性质决定的。

92. 道德风险是什么?

道德风险是20世纪80年代西方经济学家提出的一个经济哲学范畴上的概念，即“从事经济活动的人在最大限度地增进自身效用的同时做出不利于他人的行动”。

道德风险也指可能的道德行为在实际过程中的不确定性，这种道德行为的不确定性，既可以指行为主体本身道德行为的不确定性，也可以指一种社会措施可能引起的社会道德后果的不确定性。

道德风险的来源主要有三：一是指某些道德原则和规范的推行超越或严重滞后于社会生活或某一具体的社会组织、团体的实际情况，有可能导致道德价值的扭曲和失灵。二是指社会所采取的行为措施有可能对社会道德状况和水平产生消极影响。三是指个体成员在道德表达上的不确定性有可能使社会生活蒙受的一定风险。

93. 道德两难是什么？

道德两难是伦理学中表示道德冲突和道德困惑的用语，它常常是同一道德体系内不同道德原则、道德要求之间冲突的集中反映。而冲突往往是由社会生活和社会关系中存在人们无法预料的不确定因素导致的，由道德准则体系的复杂性、变动性造成。

每一道德准则或价值目标均有它的特定要求，它的提炼与概况舍去了生活中许多复杂的情况。在人们的社会实践中，同一个行为，可能会适用于多种价值准则，当多种价值准则同时介入或影响这一行为时，就会不可避免地产生同一道德体系内不同道德准则之间的冲突。

社会生活中发生的道德两难属于“善与善”的冲突，而不是“善与恶”的冲突，遇到这种难题，我们需要理性地分析各种道德原则的权重与主次排序，以便于更好地进行道德选择，使相对小的道德原则让位于更大的道德原则。

94. 道德失范是什么？

道德失范是社会急剧变革或转型时期的产物，表现出社会精神层面的某种危机和剧烈冲突。道德失范的社会状态中，社会原有的道德价值观念、行为模式和道德规范体系被普遍怀疑、否定，甚至被严重破坏，逐渐失去对社会成员的影响力和约束力，而新的尚未形成，或尚未被人们普遍接受，对社会成员不具有有效的影响力与约束力，从而使得社会成员发生存在的意义危机，行为缺乏明确的道德规范约束与指导，导致道德规范的事实“真空”、缺失，呈现出某种明显的道德混乱或堕落。

道德失范包括人的精神失范和行为失范两方面内容，从精神层面上讲是内心的失落、混乱和道德观念的缺失和动摇；从行为上讲是举止仪表和动作语言的混乱，或者说是行为的无度与越轨。正处于社会转型期的我国，道德失范的现象比较普遍，当务之急是要尽快调整道德规范体系，并采取有力措施抑制道德失范现象的蔓延。

95. 道德绑架是什么？

道德绑架是以道德为砝码，要挟个人或众人不得不做某些事情。比如近年来出现的一种现象，在人们对于一些社会名人的慈善行为进行道德评价时，如果评价不当往往会导致道德绑架。通俗地说，道德绑架就是指用较高的道德标准要求他人，甚至用圣人的标准要求普通人，把美德当作道德义务去评价他人行为。

对于“道德绑架”的理解，社会观点大致可分为以下两种，分别代表了“保守主义”和“自由主义”思想。保守主义认为，如果一个人连道德底线都没达到，连道德义务都没尽到，用道德底线的标准、尽道德义务的要求对他进行道德判断就不仅不是道德绑架，相反是在捍卫作为一种“公共善”的道德。自由主义认为，一个人只要他的行为在法律范畴允许之内，其行为就可以被接纳和理解。对没有违背法律法规的行为进行的道德批判，比如对“不给老弱病残让座”进行批判，从根本上即“道德绑架”。

96. 道德底线是什么?

所谓道德底线，就是道德准则（道德活动规则）所规定的道德主体活动的范围，也是道德的最起码的基本规范，即对行为主体的最低道德要求。对社会成员而言，社会道德底线是：诚实，厚道，有良心，不损害他人和社会，遵纪守法。

道德底线可细分为四个类别：一是行业道德底线，是行业标准所规定的行业组织活动的范围。二是职业道德底线，是职业标准所规定的从业人员活动的范围。三是私人道德底线，是良知所规定的自我意志活动的范围。四是交往道德底线，是社会交往规则所规定的个人理性活动的范围。

关于道德底线学者易中天有如下评说：“底线是属于内心的。就是我不作恶，绝不作恶。我做事情再怎么样，哪怕做一些不好的事，也要有一条底线，不能突破。这个底线从哪里来？从自己来，只能来自每个人自己的道德观和道德感。所以底线是由道德来负责的，我们也称之为道德底线。”

97. 道义论是什么?

道义论是具有“道义”色彩理论的统称，在西方现代伦理学中，指人的行为必须遵照某种道德原则或按照某种正当性去行为的道德理论。

伦理学范畴下的道义论主要侧重于主体的道德责任，即判定一个人的行为正确与否，与行为的结果无关，重要的是个人在进行这一动作的内心活动，即出于什么样的动机去行动，这才是道义论学者真正关心的。即使最后的结果是圆满的，但若是心存不正当的目的，也不能划分为道德的范围之内，这实际上是对主体道德的更高要求。为道德而道德，其道德原则是排除任何主观情感，超越人的任何其他目的，因而是绝对的和无条件的。

近代道义论的典型代表是康德，他把道德基础建立在善良意志或绝对命令之上，善良意志是一种不依赖事物的、自足圆满的善。它来自人的理性，理性指导实践，康德要求善良意志中人们必须依照能够始终依据的准则来行为，从而把道德上正确的东西与主观的情感、利益和欲望相剥离。

98. 目的论是什么？

伦理学范畴下的目的论是把价值和好的结果作为基本追求，把评价道德的标准归结为道德之外的行为后果，无关动机、方式的合宜与否，只要主体能够达到预期的好结果，即使在不正当的动机和不道德的途径之下，也可能根据其结果的满意度被划分为道德的范围。

目的论的这种思路会促使主体把关注点放在行为的结果之上，使短时间内产生的“好处”会超过“坏处”。但这种理论或多或少具有不完善性，对道德结果的过分重视，使道德目的上升到至高无上的地位，很有可能导致人们忽视甚至是违背行为过程中的道德原则。

功利主义是目的论中最具影响力的一个派别，边沁和密尔是该学派的典型代表人物。功利主义学者认为追求幸福、规避痛苦是人类不可否认的天性，因此幸福不仅是指导人类行动的依据，更是人类追求的最高目的，实现所有利益相关者的大多数幸福应当是功利主义的原则和奋斗的目标。

99. 公域和私域是什么？

在西方理论界，不同思想家和学派对公域和私域的划分并不一致，但一般而言，公域和私域的区分常常被等同于“政治的”与“非政治的”区分。对于西方主流自由主义而言，“公”“私”的区分就是国家公权力和法律管辖之内的领域与管辖之外的领域的区分，个人、家庭、私密关系圈及其情感和事物被认为是国家公权力与法律不应干涉的私人领域。

西方社会严格区分公域和私域的概念，这是因为社会规则在这两个区域完全不同。公域就是公共领域，是每一个私人个体可以自由活动的领域。在这个领域活动的规则就是法律。除了法律限制的，其他都是自由。而执行法律的权利就是公权。公权的目的是维护活动规则，当私人个体出现利益冲突时，公权介入帮助解决利益冲突。私人性是私域的特质，它以个人独立、自主及其享有相应的平等自由权利为基础，以个性化的生活为中心，是一个他人、社会和国家无权干预的领域。

公域与私域是一对对立统一的范畴，私域与个人权利直接相关，而公域与公共正义直接相关，倘若个人权利得不到足够保护，公共正义就无从谈起，而如个人权利过分扩展，势必伤害公共正义。

100. 爱情是什么?

爱情是人与人之间强烈的依恋、亲近、向往，以及无私专一并且无所不尽其心的情感。它通常是情与欲的对照，爱情由情爱和性爱两个部分组成，情爱是爱情的灵魂，性爱是爱情的能量，情爱是性爱的先决条件，性爱是情爱的动力，只有如此才能达到至高无上的爱情境界。

在汉文化里，爱就是网住对方的心，具有亲密、情欲和承诺、依恋、情感的属性，并且对这种关系的长久性持有信心，也能够与对方分享私生活。在爱的情感基础上，除了爱的跨文化差异，随着时间的推移，关于爱情的观念也发生了很大的变化，在不同的民族文化也发展出不同的特征。

爱情观是人们对爱情问题的根本看法和态度，它的内容主要包括：什么是爱情，爱情的本质，以及爱情在社会生活和个人生活中的位置，择偶标准，如何对待失恋等。爱情观是人生观的反映。爱情观在不同的历史时期，由于受不同的经济条件、社会制度及思想文化状态的影响和制约，有着不同的内容，并且随着社会发展而不断发展和变化。

101. 婚姻伦理的基本要求是什么?

婚姻是为当时社会制度所认可的，男女两性互为配偶的结合。强调两性、配偶身份及“婚姻是家庭产生的前提”。东汉班固等编撰的《白虎通》说：“婚者谓昏时行礼，故曰婚，姻者妇人因夫而成，故曰姻。”先秦的礼仪选集《礼记》则说：“昏礼者，将合二姓之好，上以事宗庙，而下以继后世也。”

婚姻是家庭和社会的总开关，是子女成长、成才的基石，婚姻会涉及经济、人事等多种问题，婚后会涉及计划生育、抚养子女成人的主体责任，好的婚姻需要精心设计，从实际出发，根据个人的身份做出调整，也要防止婚姻因为经济和机遇问题，丧失理智，退化自己的社会功能，最终导致子女遗传人格变质。婚姻涉及多方面问题，并且需要进行长久考验，不是单单两个人的生理或生活上的结合。追溯到原始时代，就有了所谓的婚姻，这是群居高等生命的本能属性，利于人们的优良繁衍。

婚姻伦理的 5 个基本要求：①把爱情作为婚姻的基础（没有爱情的婚姻是不道德的）；②婚姻自由；③一夫一妻制；④男女双方权利和义务平等；⑤遵守两性道德。

102. 家庭是什么?

家庭是指在婚姻关系、血缘关系或收养关系基础上产生的，亲属之间所构成的社会生活单位。家庭是幸福生活的一种存在。家庭有广义和狭义之分，狭义是指一夫一妻制构成的社会单元；广义的则泛指人类进化的不同阶段上的各种家庭利益集团，即家族。

从社会设置来说，家庭是最基本的社会设置之一，是人类最基本最重要的一种制度和群体形式。从功能来说，家庭是儿童社会化，供养老人，是满足经济合作的人类亲密关系的基本单位。从关系来说，家庭是由具有婚姻、血缘和收养关系的人们长期居住的共同群体。

家庭的主要功能：一为社会化功能。家庭从很多方面讲，都是很适合承担社会化任务。它是一个亲密的小群体，父母通常都很积极，对孩子有感情，有动力。孩子常常在依赖下，将父母看作权威。二为情感和陪伴功能，是核心功能。在现代社会，对成人和孩子来说，家庭是情感陪伴的主要源泉。对儿童来说，缺少父母的关爱会导致其智力、感情、行为等方面的成长都受到伤害。对成人来说，虽不会因缺爱而死，但也需要感情的关怀。

103. 家风家教是什么?

家风，又称门风，是一个家庭或家族多年来形成的传统风气、风格和风尚，它承载着一个家庭或家族的生活方式、生活态度、文化氛围、理念、价值观和人生观等，这些建构成一个家庭或家族独特的特色。

家风是一种潜在无形的力量，在日常的生活中潜移默化地影响着孩子的心灵，塑造孩子的人格，是一种无言的教育、无字的典籍、无声的力量，是最基本、最直接、最经常的教育，它对孩子的影响是全方位的，每个方面都会打上家风的烙印。可以说，有什么样的家风，就有什么样的孩子。家风是无形的，是社会的正能量，其表现主要是身体力行。

家教是指家庭内部家长对子女的言传身教，家长通过自己实际行动来教育子女做人做事的礼节。同时，家教和受教育程度不挂钩。家教的重点在于道德、礼节方面。好的家教对于子女的一生是至关重要的。

中国人因为注重家风家教，所以传下来不少家风家教的纸本、箴言和故事。在民间有《家训诗》《二十四孝》等故事。较为正式的还有古代学人的家训集。经常以姓氏作为家训名称，如著名的《颜氏家训》就是北齐颜之推所传给子孙的。

104. 比较伦理学是什么?

比较伦理学主要研究不同领域、不同时代各个民族和各种文化的道德与实践，着重研究各种道德体系的异同及其物质文化背景。其研究或着重于基本道德原则的共同性，如禁止凶杀、私通乱伦、偷窃盗抢等；或注重于各种道德实践的差异性，如一夫一妻制与多偶制、禁止堕胎与堕胎自由等。

比较伦理学理论应用很广，比如，国内有学者从比较伦理学的视角分析东西方关于道德与法关系的不同。论及古代道德观时认为，孟子的性善论和荀子的性恶论乍看观点相反，实际上两者的观点在根本上又有相通之处，都是一种凭借着具有一定变化可能倾向的经验心理学来控制人心的观点。孟子认为在人心中具有“放心”的倾向，而“礼”具有抑制它的机能。荀子强调的也正是这一点。由此看来，在东方，人性从根本上来说，是善的又是恶的，不能局限于某一点。还有学者从比较经济伦理学的视角分析“企业社会责任”。

105. 生命伦理学是什么?

生命伦理学是根据道德价值和原则对生命科学和卫生保健领域内的人类行为进行系统研究的学科，产生于20世纪70年代，主要研究生物医学和行为研究中的道德问题，环境与人口中的道德问题，动物实验和植物保护中的道德问题，以及人类生殖、生育控制、遗传、优生、死亡、安乐死、器官移植等方面的道德问题。

当代生命伦理学主要集中在以下五个方面的研究：理论生命伦理学、临床生命伦理学、研究生命伦理学、政策和法制生命伦理学与文化生命伦理学。

生命伦理学产生后不仅获得迅速发展，在很短时间内就受到广泛关注，而且很快地体制化。一些国家和机构建立了生命伦理学委员会和专门审查人体研究方案的机构审查委员会。

106. 环境伦理学是什么？

环境伦理学是研究人类在生存发展过程中，人类个体与自然环境系统和社会环境系统，以及社会环境系统与自然环境系统之间的伦理道德行为关系的科学。它是一门介于伦理学与环境科学之间的新兴的综合性科学。

环境伦理学对人、社会、环境三者间的伦理道德关系研究，具有很强的现实性和实践性特征。传统伦理学过去所着重研究的人类个体间的伦理关系，它的恶化一般只会导致人类群体内部人们互动行为的失范，不会导致人类社会的整体崩溃及灭亡。但当个体环境道德行为失范并演化成整体社会行为后，环境系统的反馈便具有了导致社会文化整体消亡的力量。今天，由于科技发展引发的，人类社会作用于自然环境系统力量的加强，已达到了足可以毁灭整个人类赖以生存的地球表层环境系统的程度，这样就使人们对环境伦理学的研究具有了非常紧迫的现实意义和实践意义特征。

107. 政治伦理学是什么？

政治伦理学是以政治所涉及的伦理问题为研究对象。广义上，政治伦理涉及人类政治生活中不同政治主体在构建政治制度、处理政治关系、从事政治活动时所遵循的道德原则。狭义上，政治伦理是指政治生活所应追求和体现的基本伦理价值。

罗尔斯的《正义论》是当代西方政治伦理学的代表作之一。罗尔斯认为，功利主义只看重社会福利总量的增长，而个人的自由与权利更为重要，更具有优先性。一个社会体系是否正义，在根本上取决于它如何分配基本的权利和义务，取决于在社会的不同阶层中存在的经济机会和社会条件。

当代政治伦理学研究内容十分广泛，主要有政治与道德的关系、政治管理与道德的关系、政府道德等，此外还有从政者道德、国际政治伦理、政治伦理文化、政治伦理学史等。

108. 网络伦理学是什么?

网络伦理学是随着国际互联网的产生和发展而出现的一门新兴的、以网络道德为研究对象和范围的伦理学科。网络道德是关于人与网络之间的关系，以及在网络社会中人与人的关系问题的道德意识、行为准则和实践活动的总和。

网络伦理学研究的对象和范围涉及网络社会即虚拟社会及生活在其中的虚拟人。所谓虚拟社会是指现代信息社会所特有的一种社会现象，即基于 Internet 的计算机网络所形成的虚拟空间。这个空间既是虚拟的，又是实实在在地存在于现代社会之中。凡是在这个虚拟的空间里发生的道德现象和问题，都属于网络伦理学研究的范围。

网络伦理学探讨的基本范畴包括善恶、应当、价值、平等、信用、服务、批评即道德判断等。其中，“应当”即规范网络行为的内容。

109. 经济伦理学是什么?

经济伦理学是以人类经济生活中的道德伦理问题为主题对象的伦理价值研究，着重探讨经济机制和经济结构的伦理性、处理经济主体之间利益矛盾的伦理原则、评价经济主体行为是否正当的伦理规则等。

当代意义上的经济伦理学作为一门独立的分支学科，兴起于 20 世纪 70 年代至 80 年代的美国。80 年代以后，国外经济伦理学进入了全面发展的新阶段。经济伦理学进入了各国的大学，成为一门重要的必修或选修课程。

在我国，现代意义的经济伦理学的产生是以改革开放为起点的，围绕“市场经济需不需要道德、市场经济需要什么道德、市场经济怎样获得道德”这样的重大问题，理论界展开了深入的探讨，经济伦理学的学科体系在这种探讨中日渐发展起来。

110. 科技伦理学是什么?

科技伦理是指科技创新活动中人与社会、人与自然和人与人之间关系的思想与行为准则，它规定了科技工作者及其共同体应恪守的价值观念、社会责任和行为规范。

目前，科技伦理的讨论主要集中在：

（1）克隆技术中的生命伦理问题。专家呼吁政府要加紧制定克隆技术应用法规，规定克隆技术的范围、条件和把克隆人类胚胎控制在一定的法律和伦理范围之内。

（2）基因伦理问题。学者们强调要在技术伦理的视角和方法外建立道德哲学的维度，以创造性的价值智慧，卓越地调和与解决未来伦理世界、道德世界中自然人与技术人、自然家庭与人工家庭混合共生等带来的矛盾和问题。

（3）转基因技术使用问题，探讨使用转基因技术的指导原则。这更多涉及的是伦理、政治和决策方面的问题。

111. 管理伦理学是什么?

管理伦理学是研究管理理论、行为、制度及方式中的伦理问题的学科。它以管理学为经，伦理学为纬，构成自己的理论体系。

目前，管理伦理已经得到了理论界和企业界的高度重视。重视管理伦理教学已成为世界各地 MBA 培养中的一大趋势。《财富》排名前 1 000 家企业中，80% 的企业制定了成文的伦理准则来规范员工的行为，甚至出现了一种新型的职位：伦理主管。以至于有管理学家认为，21 世纪管理学发展的一个焦点论题就是管理伦理学；21 世纪成功的企业是讲伦理的企业。

我国在这方面的研究起步较晚。1996 年复旦大学在全国率先开设了管理伦理学课程，1999 年在复旦大学召开的“全国首届 MBA《管理伦理学》教学研讨会”标志着我国在这一领域的教学、科研的全面启动。

第六篇　法学是什么

112. 法学是什么?

法学是以法律、法律现象及其规律性为研究内容的科学，它是研究与法相关问题的专门学问，是关于法律问题的知识和理论体系。

法学的研究对象首先是法，这里的“法”包括通常所说各种意义的法。从法的形式角度说，包括宪法、法律、法规，以及其他各种形式的成文法和不成文法；从法的体系角度说，包括宪法、行政法、民商法、经济法、社会法、刑法、程序法，以及其他各种部门法；从一般分类角度说，包括国内法和国际法、根本法和普通法、一般法和特别法、实体法和程序法等。

法学还要研究各种“法的现象”，即基于法产生的各种现象，如立法、司法、守法、法律监督；法的起源、发展、移植、继承、现代化；法律秩序、利益、正义；法律观念、思想、制度、事实、规律等。法学还要研究“与法相关的问题”，即与法相关的经济、政治、文化等社会现象。

113. 法学的基本问题是什么?

法学理论是整个法学的基础理论，它对整个法的原理、原则、概念、范畴和规律性问题进行理性思考，并探求其精神实质。如法的产生、发展、本质、特征、作用、形式，法的制定和实施等。

法的概念是法学理论最基本的一个问题。概括地说，法是由国家制定或认可的，以权利义务为主要内容的，体现国家意志，并以国家强制力为后盾的人们行为规范的总称。

法学的基本问题还包括法律关系、法的分类、法的效力等。法律关系包括很多内容，如法律关系主体、客体、类别，法律关系的产生、变更和消灭等。其中权利和义务是法律关系也是法律规范本身的核心内容。

法的效力按范围不同，可分为一般法、特别法等。广义的法的效力指法的约束力和强制力；狭义的法律效力指法律的生效范围或适用范围，即对什么人、在什么地方和什么时间适用的效力。

114. 法的渊源是什么?

法的渊源通常指法的创立方式及表现出的法律文件形式，分为直接渊源和间接渊源两种。前者为成文法，后者可以是判例、惯例甚至法理。

法的渊源理论通常把法的渊源分为正式意义上的和非正式意义上的两种。正式意义上的法的渊源，主要指以规范性法律文件形式表现出来的成文法，如立法机关或立法主体制定的宪法、法律、法规、规章和条约等。非正式意义上的法的渊源，主要指具有法的意义的观念和其他有关准则，如正义和公平等观念，政策、道德和习惯等准则，还有权威性法学著作等。

法的渊源是发展的，不同时代和国情之下的法的渊源多有不同。当代中国法的渊源主要为以宪法为核心的各种制定法，包括宪法、法律、行政法规、地方性法规、国际条约、国际惯例等。

115. 法的溯及力是什么?

法的溯及力，也称法律溯及既往的效力，是指法律对其生效以前的事件和行为是否适用。如果适用，该法就具有溯及力；如果不适用，就不具有溯及力。就现代法而言，法律一般只能适用于生效后发生的事件和行为，不适用于生效前的事件和行为，即采取法律不溯及既往的原则。

刑法的溯及力，是指刑法生效后，对于其生效以前未经审判或者判决尚未确定的行为是否适用的问题。我国在刑法上采取从旧兼从轻的原则。从旧兼从轻原则指除了对非犯罪化（除罪化）、弱化惩罚或有利于行为人的规定之外，刑法不得有溯及既往的效力。

民事法律一般只适用于其生效后发生的事实和关系。“法律不溯及既往”是早在罗马法中就得到确立并为后世所公认的原则。我国民法也采取民法规范一般没有溯及力的原则，但不排除国家根据客观需要，在一定的情况下做出某种溯及既往的规定。

116. 司法是什么?

司法又称法的适用，通常是指国家司法机关及其司法人员依照法定职权和法定程序，具体运用法律处理案件的专门活动。在西方资本主义国家，由于“三权分立”，司法与行政、立法之间有严格界限和区分。

我国的司法机关一般是指人民法院和人民检察院，从广义上理解也可以包括公安机关、国家安全机关、司法行政机关、军队保卫部门、监狱等负责刑事侦查的机构。司法的主要特点有中立、独立、统一、专业、公开、权威等。

中立性是司法权的第一特性。中国法院的院徽是由一柱华表支起一架天平来表现其中立性，法院还通过建立回避制度和严格的诉讼程序规则来保障法院和法官的中立地位。司法权中立性的另一个层面是其消极性，一般来说就是实行不告不理原则，法官不能主动地挑起当事人去打官司。司法权的独立性是确保司法公正的必要。审判机关不仅要保证对外独立于当事人，内部也要相互独立。

117. 法律制定（立法）是什么?

法律制定又称立法，是有法的创制权或经授权的国家机关，在法律规定的职权范围内，遵循掌握国家政权的社会集团的意志，根据一定的指导思想和基本原则，依照法定程序，制定、补充、修改和废止法律和其他规范性法律文件以及认可法律的一项专门性活动。

法律制定需要遵从一定的程序。一般分为四个阶段：立法倡议；法律草案的讨论；法律草案的通过；法律的公布。

法律制定工作即立法工作由立法机关完成。在资本主义国家，法律制定的国家机关是议会。我国法律制定的国家机关是全国人大及其常务委员会，其可以制定内容包括国家主权的事项；各级人大、人民政府、人民法院和人民检察院的产生、组织和职权；民族区域自治制度、特别行政区制度、基层群众自治制度；民事基本制度；基本经济制度，等等。

118. 法制与法治的联系和区别是什么?

静态的法制指法律制度；动态的法制指一切社会关系的参与者执行和遵守法

律，以及法律制定、法律实施和法律监督等一系列活动的过程。包括立法、守法、执法、司法和护法各环节的有机统一。

而法治是依照法律治理国家的治国思想、治国方式和社会秩序、社会状态。法治是宏观的治国方略，理性的办事原则，民主的法治模式，是一种理性的社会秩序与社会状态。

法制和法治有内在联系。要实行法治，必须具有完备的法制；法制是法治的发展前途和前提，法治是法制的立足点和归宿。

法制与法治也有区别。法治的核心意义是强调社会治理主体的自觉性、能动性和权变性；法制的核心意义是强调社会治理规则的普适性、稳定性和权威性。

119. 法律监督是什么？

狭义的法律监督指有关国家机关依照法定职权和程序，对立法、执法和司法活动的合法性所进行的监察和督促。《中华人民共和国宪法》规定，人民检察院是国家的法律监督机关。广义的法律监督是指由所有的国家机关、社会组织和公民对各种法律活动的合法性所进行的监察和督促。

根据法律监督的主体不同，可分为国家法律监督和社会法律监督。国家法律监督是国家权力机关依法对行政机关、检察机关、审判机关、军事机关进行监察和督导的活动。国家法律监督可分为立法监督、国家行政机关的监督和国家检察机关的监督。在我国，除宪法监督外，主要是国家权力机关的法律监督、司法机关的法律监督和国家行政机关的法律监督三种形式。

社会法律监督是指国家机关以外，包括社会组织、政治团体、人民群众等通过各种手段和途径对执法、司法和守法行为的督促，可分为公民监督、社会舆论监督和社会组织监督。

120. 宪法规定了什么？

宪法具有最高法律效力，为近现代实行宪政制度的国家所公认，许多国家的宪法对此都有明文规定。《中华人民共和国宪法》明确规定："一切法律、行政法规和地方性法规都不得同宪法相抵触。"

具体来说，一部完善的宪法一般规定四方面的内容：

一是宪法的基本原则。包括国家生活的基本原则，比如国体、基本经济制度、确认取得的成果、基本国策等。

二是公民的基本权利与义务。这是宪法内容的重点。主要有政治权利、经济权利、社会权利、文化教育权利等。

三是国家机构的组织、设置。一部宪法可以不规定公民的基本权利与义务，但一定有国家机构的组织、设置。主要包括国家机构有哪些、如何组成、相互间关系如何、如何产生等。

四是国家的象征，或者叫国家的标志。现代国家一般有国旗、国徽、国歌，其他的还有国花、国树、国家箴言等。

121. 国家的基本制度是什么?

西方所有国家都是实行议会民主、多党制和三权分立的制度。但在具体的组织方式上不同国家又各有自己的特点。

我国的基本制度包括人民民主专政制度、人民代表大会制度、基本经济制度、民族区域自治制度、基层群众自治制度、政治协商制度和特别行政区制度。

我国基本经济制度是以生产资料公有制为主体、多种所有制经济共同发展的经济制度。民族区域自治制度指在国家统一领导下，各少数民族聚居的地方实行区域自治，设立自治机关，行使自治权的制度。基层群众自治制度是依照宪法和法律，由居民（村民）选举的成员组成居民（村民）委员会，实行自我管理、自我监督的制度。政治协商制度是在中国共产党领导下，多党民主协商的一种制度。特别行政区制度是在直辖于中央人民政府的特别行政区域内，根据我国宪法和法律实行的特别的社会、经济制度。

122. 公民的权利与义务是什么?

权利是指公民或法人依法行使的权力和享受的利益，必要时，可请国家机关以强制性办法协助实行其权益。

我国公民享有以下基本权利：一是平等权利；二是政治权利和公民自由；三是宗教信仰自由；四是人身自由；五是拥有监督权和取得赔偿权；六是享有社会经济、文化教育方面的权利；七为特定主体权利，包括妇女、儿童与老人权利，退休人员和军烈属的权利，残疾人权利，华侨、归侨、侨眷的权利，被告人有获得辩护的权利。

义务是指法律规定人们应履行的某种责任，以保证维护国家利益或权利人的权利得以实现。我国公民的基本义务：其一，维护国家统一和民族团结；其二，遵守宪法和法律；其三，保守国家秘密；其四，维护祖国安全、荣誉和利益；其五，保卫国家、依法服兵役和参加民兵组织；其六，依法纳税。

法律上的权利与义务有不可分割的联系，任何权利的实现是以义务的履行为条件的。

123. 民事权利能力和民事行为能力是什么?

民事权利能力是指民事主体依法享有民事权利和承担民事义务的资格。自然人的民事权利能力始于出生，终于死亡。法人的民事权利能力始于法人成立，终于法人消灭。民事权利能力是民事行为能力的前提。

民事行为能力是指民事主体能以自己的行为享有民事权利、承担民事义务的资格。自然人的民事行为能力分为三类：第一类是具有完全民事行为能力，包括18周岁以上的成年人、16周岁以上不满18周岁的公民，以自己的劳动收入为主要生活来源的，视为完全民事行为能力人。第二类是限制民事行为能力，包括10~18周岁的未成年人、不能完全辨认自己行为后果的精神病人。第三类是无民事行为能力，包括不满10周岁的未成年人、不能辨认自己行为的精神病人和患痴呆症的人。其中限制民事行为能力人和无民事行为能力人都需要有监护人的监护。

124. 合同是什么?

合同是自然人、法人和其他组织之间设立、变更、终止民事权利义务关系的协议，是当事人各方在平等、自愿的基础上实施的民事行为。合同一般由标题、双方名称、正文、结尾四个部分组成。

要约和承诺是合同订立的一般程序。在合同订立、履行和合同解除这一系列的过程中有两种具有代表性的责任：缔约过失责任和违约责任。缔约过失责任是当合同不成立、无效、被撤销或者不被追认，一方受有损失，另一方有过错时应赔偿受害人的损失。违约责任主要以不能履行、迟延履行、不完全履行、拒绝履行和债务人迟延这五种形态表现。

125. 担保是什么?

担保是指法律为确保特定的债权人实现债权，以债务人或第三人的信用或者特定财产来督促债务人履行债务的制度。担保方式包括：保证、抵押、质押、留置和定金。担保物权是物权的一种，指为了确保债权的实现，在债权人或者第三人特定的物上设定的以直接取得或者支配其交换价值为内容的权利。

担保的性质：一是平等性，担保关系中当事人地位平等，担保法律关系中的权利义务是双方平等协商的结果。二是自愿性，即选择性。三是保障性，保障合同的履行是担保的最根本的特征。四是补充性，担保权利人行使担保权利以主债务已届清偿期且债务未得到履行前，保证人对担保权利人享有先诉抗辩权。

126. 侵权责任是什么?

侵权责任指行为人因其侵权行为而依法承担的民事法律责任。它的一般构成要件有侵权行为、侵权后果、因果关系和过错。

侵权责任方式包括停止侵害、排除妨碍、消除危险、返还财产、恢复原状、赔偿损失、赔礼道歉、消除影响、恢复名誉九种。

侵权责任的归责原则是指在加害行为人的行为致他人损害发生之后，据以确定责任由何方当事人承担的原则。

过错责任原则作为侵权责任法的基本归责原则，适用于一般的侵权行为，只有在法律明确规定的情况下，才适用其他归责原则。无过错责任原则的特点是在确定侵权责任时，不考虑行为人是否有过错，也无须推定行为人具有过错，但其适用范围由法律特别规定。公平责任原则是指在当事人对造成的损害都没有过错，而又不能适用过错责任原则和无过错责任原则的情况下，由法院根据实际情况确定责任的归责原则。

127. 婚姻的法律依据是什么?

婚姻是男女双方以结为夫妇的意思表示为内容的双方民事行为。

婚姻成立，即结婚有三个条件约束。实质条件也是必备条件：①男女双方必须完全自愿；②必须达到法定年龄（男，22 周岁以上；女，20 周岁以上）；③符合一夫一妻制。婚姻的形式条件是前往婚姻登记机关登记。夫妻关系包括夫妻人身和夫妻财产的权利义务关系。同居，是指男女双方未办理结婚登记而共同生活，且不构成事实婚姻的情形。

无效婚姻指男女双方因违反结婚的实质性要件，自结婚时即不存在效力的瑕疵情形。

离婚是婚姻关系的结束。离婚的形式分为诉讼离婚和协议离婚。离婚的过程中可能会发生财产、债务和子女方面的纠纷。

我国公民和外国人结婚适用婚姻缔结地法律，离婚适用受理案件的法院所在地的法律。凡涉外婚姻当事人在我国境内结婚或离婚的，都必须按照我国法律的规定办理。

128. 继承是什么?

继承是将死者生前所有的于死亡时遗留的财产依法转移给他人所有的制度。当代各国对继承问题都以民法或有关继承的单行法规做出各种具体规定，包括继承开始时间、地点，继承权的接受和放弃，继承权的丧失等。

按照继承财产的方式，继承可分为法定继承和遗嘱继承以及遗赠。法定继承的顺序分为第一顺序和第二顺序，第一顺序的法定继承人为配偶、子女、父母。第二顺序的法定继承人包括兄弟姐妹、祖父母和外祖父母。而在遗嘱继承作为一种单方民事行为，在遗嘱人死亡时生效，且遗嘱需为要式，即必须采取一定形式或者履行一定程序才能成立。遗赠是指自然人以遗嘱的方式将其个人财产赠予国家、集体或者法定继承人以外的人，而于其死亡后发生效力的民事行为。

继承人的继承权，除因作放弃继承的意思表示外，还可因被剥夺而丧失。剥夺继承权必须严格按照法律规定的条件，并按司法程序进行。

129. 违法是什么?

违法通常是指特定主体实施了与现行法相冲突的行为，引起相应的损害事实，法律对其进行否定性评价的状态。违法有三个构成要件：第一，主体要件。违法主体应是具有行为能力或者责任能力的主体。第二，主观要件。违法主体的主观心理态度必须有过错。第三，客观要件。违法主体应做出有社会危害性的、有过错的不合法行为。

根据违反法律的种类，违法可以分为刑事违法、民事违法、行政违法、违宪。违宪指与宪法规定相抵触，不具“合宪性”的行为。

违法不一定犯罪。犯罪的社会危害程度比违法行为严重，犯罪行为大多数要负刑事责任。违法行为承担行政责任或民事责任。

违法行为也不同于违反道德行为。许多违法行为，是犯罪行为，同时也是违反道德行为。当然，并非所有违法行为都是违反道德行为。同样，有些违反道德的行为并不构成违法行为。

130. 犯罪是什么?

我国《刑法》中的犯罪概念是形式与实质相统一的犯罪混合概念，也就是指触犯了法律。《刑法》第十三条对犯罪的规定是：一切危害国家主权、领土完整和安全，分裂国家、颠覆人民民主专政的政权和推翻社会主义制度，破坏社会秩序和经济秩序，侵犯国有财产或者劳动群众集体所有的财产，侵犯公民私人所有的财产，侵犯公民的人身权利、民主权利和其他权利，以及其他危害社会的行为，依照法律应当受刑罚处罚的，都是犯罪，但是情节显著轻微危害不大的，不认为是犯罪。

犯罪特征：一是危害性，这是犯罪的基本特征，指犯罪对国家和人民利益所造成的危害。二是违法性，指触犯刑律，即某一个人的行为符合刑法分则所规定的犯罪构成要件。三是侵害性，法益侵害性是指对于刑法所保护利益的侵害。四是惩罚性，应受惩罚是犯罪的重要特征，它表明国家对于具有刑事违法性和法益侵害性的行为的刑罚惩罚。犯罪是适用刑罚的前提，刑罚是犯罪的法律后果。

131. 刑罚是什么?

刑罚是国家创制的、对犯罪分子适用的特殊制裁方法，是对犯罪分子某种利益的剥夺，并且表现出国家对犯罪分子及其行为的否定评价，并起到改造罪犯、保护社会和警醒世人的作用。刑罚权的存在是以国家权力为前提的，在这个意义上说，刑罚权属于公刑权，以区别于私刑权。

刑罚主要有三种功能：一是剥夺功能，这是刑罚的首要功能，也是刑罚性的最直观的外在表现。二是矫正功能，刑罚的矫正功能则主要发生在行刑阶段。矫正功能具有十分重要的意义。三是感化功能，通过区别对待、宽大处理等一系列的政策与制度，使刑罚对犯罪分子产生心理上的感受和影响。

刑罚还有针对犯罪人的威慑功能，针对所有社会成员的鉴别功能，针对受害人的补偿功能和安抚功能，针对守法公民的鼓励功能。鼓励功能是一种肯定的功能，其结果在于强化公民的守法意识。

132. 司法机关是什么?

司法机关是行使国家司法权的机关。司法机关的职能是运用法律处理具体案件，维护法律关系主体的合法权利，使违法者受到法律制裁。

我国的司法机关包括人民法院、人民检察院、公安机关和司法行政机关，它们行使具体的司法权。司法机关及其司法人员依照法定职权和法定程序，具体运用法律处理案件的专门活动称为司法。

司法机关主要职能的划分有以下三个方面：

审判权，人民法院依法独立行使审判权，其他国家机关不能分享。

检察权，人民检察院依法独立行使检察权，有权对国家公务人员履行职务进行监督，对公安机关的侦查、人民法院的审判工作、司法行政机关的监狱工作进行监督。

侦查权，公安机关依法行使侦查权，具有司法机关的性质。

133. 司法救济是什么?

司法救济是指当宪法和法律赋予人们的基本权利遭受侵害时，人民法院应当对这种侵害行为做有效的补救，对受害人给予必要和适当的补偿，以最大限度地救济他们的生活困境和保护他们的正当权益。司法救济强调的是国家对被害人进行救助，这种救助不论国家是否尽到了保护责任，都应当从社会互助的精神出发对刑事被害人提供援助，不是由国家代替加害人给予被害人补偿。相对于补偿强调的是国家的责任，司法救济则更多体现的是国家的道义性。

司法救济包括民事司法救济和刑事司法救济。民事司法救济是公民、法人或其他组织的民事合法权利遭受侵害时，法律上给受损害一方的补偿方法。刑事司法救济中，刑事被害人司法救济的基金来源有两类，第一类是财政拨款，第二类是其他经费来源。在第一类经费来源不足的情况下，刑事被害人司法救济基金还可以通过接受捐赠等形式，拓宽经费来源渠道。

134. 审判程序是什么?

审判程序是人民法院审理案件及执行案件和裁定必须遵循的步骤和规范，可以分为民事审判程序、刑事审判程序和行政审判程序。

民事审判程序包括起诉、一审、二审、再审和执行。刑事审判程序包括立案、侦查、起诉、一审、二审、死刑复核程序、审判监督程序和执行。

法庭审判包括法庭调查、法庭辩论、被告人最后陈述、评议和审判几个阶段。宣判一律公开进行，分为当庭宣判或定期宣判。二审的审判程序包括全面审查原则、上诉不加刑原则。二审的处理方法包括维持原判和改判。在法律错误或量刑不当的情况下应当改判；事实不清、证据不足的情况下可以改判。事实不清、证据不足的情况下可以发回重审，程序违法时应当重审。

审判监督程序是指人民法院、人民检察院对已发生法律效力的判决和裁定，发现在认定事实或适用法律上确有错误，依法提起并对案件进行重新审判的程序。

135. 非讼程序是什么?

非讼程序是法院审理非争议案件的审判程序的总称，包括特别程序、督促程序和公示催告程序。

特别程序是法院审理某些特殊类型的民事案件所使用的审判程序的总称，包括选民资格案件审理程序、确认调解协议案件、实现担保物权案件等。

督促程序包括支付令程序，法院根据债权人申请，以支付令的方式催促债务人限期履行金钱或者有价证券义务，如果债务人在法定期间未履行义务又不提出书面异议，则该支付令具有强制执行力的一种程序。

公示催告程序指法院根据当事人的申请，以公告的方式，告知并催促票据的不明利害关系人或其他事项的权利人，在指定的期限内向法院申报权利，如果逾期不申报权利，则宣判宣告其丧失某项民事权利的程序。

136. 劳动法是什么？

劳动法是调整劳动关系以及与劳动关系密切联系的社会关系的法律规范的总称。

劳动法主要包括劳动者的主要权利和义务；劳动就业方针政策及录用职工的规定；劳动合同的订立、变更与解除程序的规定；集体合同的签订与执行办法；工作时间与休息时间制度；劳动报酬制度；劳动卫生和安全技术规程等。

与我国劳动法配套的法律很多，如劳动合同法、工伤保险条例等。劳动法的适用范围包括中国境内的各类企业、个体经济组织、民办非企业单位等组织、国家机关、事业单位、社会团体和与其形成劳动关系的劳动者。

我国的劳动合同法对劳动关系的许多方面做了详细规定，比如试用期。劳动合同法规定试用期包含在劳动合同期限内；同一用人单位与同一劳动者只能约定一次试用期。

137. 消费者权益保护法是什么？

消费者权益保护法是保护消费者权益的法律规范。消费者权益是指消费者为生活消费需要购买、使用商品或接受服务的活动中，依法享有的权利及权利受到保护时给消费者带来的应得利益，包括经济利益、环境利益。消费者权益保护法通过规范经营者应对维护消费者权益承担何种义务，特别是要规范经营者与消费者的交易行为，对社会经济秩序产生重要的维护作用。

消费者权益保护法中有很多权利义务关系。消费者的权利包括安全保障权、知情权、自主选择权、公平交易权、获得赔偿权等。经营者义务包括提供安全产品及安全保障义务、真实信息告知义务、真实标识义务、质量保证义务、出具单据义务、售后服务义务等。法律责任则包括欺诈责任、销售者先行赔付责任、展销会责任和广告责任。

138. 民事纠纷解决机制是什么？

民事纠纷解决机制解决的是平等主体之间发生的，以民事权利义务为内容的法律争议，即民事纠纷。民事纠纷分为两大内容：一类是财产关系方面的民事纠纷，另一类是人身关系的民事纠纷。根据纠纷处理的制度和方法大体可分为自力救济、社会救济、公力救济三种：

（1）自力救济。自力救济包括自决与和解。自决是指纠纷主体一方凭借自己的力量使对方服从。和解是指双方互相妥协和让步。两者共同点是，都是依靠自我的力量来解决争议，无须第三方的参与，也不受任何规范的制约。

（2）社会救济。社会救济包括调解（诉讼外调解）和仲裁。调解是由第三者（调解机构或调解人）出面对纠纷的双方当事人进行调停说和，促使他们在互谅互让的基础上达成解决纠纷的协议。仲裁是由双方当事人选定的仲裁机构对纠纷进行审理并做出裁决。

（3）公力救济。公力救济是指诉讼，民事诉讼是指法院在当事人和其他诉讼参与人的参加下，以审理、判决、执行等方式解决民事纠纷的活动，以及由这些活动产生的各种诉讼关系的总和。

第七篇　历史学是什么

139. 历史学是什么?

历史学有广义和狭义之分。我们一般所说的历史学是狭义的，是指研究人类社会以往运动发展过程的学问。历史学由历史、科学、哲学、人性学及其时间空间五部分有机组合而成。历史研究是一种旨在探讨人类社会历史发展特殊规律的认识活动。

中西方对史学的认识所经历的过程基本相同。我国的历史学最早产生于春秋战国，到晋代不仅设立官方专业的著作省，还有了专门负责著作、修史的高级官员，同时允许民间修史。后世通常把官方和民间都认可的相对客观、准确的历史著作作为正史，代表官方史学。

马克思主义历史学是一门整合型的社会学科，其含义是，历史学是一门以科学性和真实性为基础，内在地或是以“外加的”方式融合了特殊性、综合性（或整体性）、实证性、抽象性（或哲学性）、价值性、艺术性的整合型社会科学。它的任务在于揭示世界各民族、国家的历史发展的特殊规律和特点。

140. 历史学的功用是什么?

一般来说，历史学的功能主要分为学术功用和社会功用。

历史学的学术功用，主要是通过史学的各类文学著作、资料、实物材料等体现历史学科研究价值和实用价值的广度和深度。可以说，学术功用对历史科学本身的发生、发展、完善有着重要作用，并能推动历史学以外的其他科学的发展。

历史学的社会功用主要表现在：

第一，深刻地把握历史，探寻历史发展的规律，把握国情、省情、市情等，能为确定社会发展方向提供可靠依据。

第二，史学有资治、借鉴、垂训、治乱兴衰的功能。以史为镜，可以规范自己的行为，避免重蹈前人的覆辙。

第三，史学具有较强的教育、鼓舞作用，能振奋民族精神，调动全民的积极性和创造性。

141. 通史与断代史是什么?

中国古代的史书几乎都可以归为通史或断代史两类。

通史是就其叙述史实的时间范围而言的。它不局限于某一个特定阶段，或者某个朝代，而是按照历史的发展状况，连贯地记述各个时代史实的一种写作体例。通史叙述的内容比较广泛，涉及政治、经济、军事、文化、艺术等。司马迁的《史记》是我国第一部纪传体通史著作；杜佑的《通典》是我国第一部典章制度体通史；司马光编纂的《资治通鉴》是一部杰出的编年体通史。

断代史是相对于通史而言，以朝代或时代为断限，并对政治、经济、民族、文化等方面均作叙述的一种写作体例。二十六史除《史记》外，都属于纪传体断代史书，其中班固的《汉书》是我国第一部纪传体断代史著作。《春秋》是我国第一部编年体断代史著作，此类著作还有《左传》《汉纪》《后汉纪》等。

142. 编年体是什么?

编年体是我国上古时期记载史实普遍使用的一种体裁，出现于春秋末期，被《隋书·经籍志》称为“古史”。运用这种体裁写作的史书被称作编年体史书。《春秋》是我国现存最早的一部编年体史书，相传是孔子修订的。代表作还有《左传》《资治通鉴》等，“起居注”“实录”也是编年体史书的支流。

编年体是按时间发展顺序记叙历史的一种史学体裁，即按照年、时、月、日的顺序来记叙当时所发生的历史事件和人物。这种以时间为经，以事实为纬叙述历史的方法，不仅给人以时间概念，而且为考察各种事件的相互联系提供了可能，为研究历史演变的因果关系创造了条件。编年体记事文字简洁。其缺点：第一，对时间线索不清的史实，无处可系，会漏掉许多史料；第二，分年记事，不利于人物、事件的完整集中叙述。

143. 纪传体是什么?

纪传体是我国传统史书的一种体裁，是由西汉史学家司马迁创造的，他撰写的《史记》是我国第一部纪传体通史。班固撰写的《汉书》是我国第一部纪传体断代史。二十四史都是属于纪传体史书。

纪传体以大量的人物传记为中心叙述史实，是记言和记事的结合。它是一种综合性的史书体裁，具有体大思精的特点，一方面，纪、表、书（志）、世家、列传五种形式能容纳最大量的历史内容；另一方面，纪传体史书内容具有系统性和全面性。

纪传体记载的范围广泛，便于通观一个时期历史的发展趋势，这是编年体所不及的。它的缺点是记事分散重复，难以清晰地表达历史发展的时间顺序和各事件、各人物之间的相互联系。

144. 专门史是什么？

专门史是近代出现的新兴历史门类。不过从史书角度看，专门史实际从史书一出现就已经存在。比如我国古代的“国别史”属于记述特定一国的专门史，倾向于政治史；“列传”属于记载某人物事迹的专门史。正史中的“志”一般被分为礼仪、音乐、律令、天文等类，而它们分别可以当作社会史、音乐史、法律史、天文学史等。早期专门史基本都夹杂在正史中，单独的专门史已经是近现代的事了，时间大约在晚清和民国以后。

史学意义上的专门史的产生和发展，表明专门史是近现代史学发展的一个方向。其背景是行业发展，社会分工的日益细致，各行各业自身专门史研究的逐步展开。

145. 古埃及文明史是什么？

古埃及文明神秘而古老。四大文明古国之一的古埃及，是典型的水利帝国。埃及文明是东方“早熟”农业文明的典型。早在公元前4000年，古埃及国家就逐渐形成。

古埃及是一个具有严格的社会身份与登记制度的社会。王族、神庙祭司与贵族都属于奴隶主阶级。古埃及的编年史家曾经将自第一王朝至公元前525年波斯帝国征服埃及为止这一段时期的历史分为26个王朝，再加上波斯统治时期的5个王朝，共计31个王朝。“王的神权”的理论是古埃及法老专制制度的精神支柱，也是其政教合一统治的历史特征。

举世闻名的金字塔是古埃及人对永恒观念崇拜的一种产物，也是法老王的陵墓，目前埃及共有八十余座金字塔，除了金字塔以外，狮身人面像、木乃伊也是埃及的象征。古埃及的其他世界文化遗产还有象形文字、纸草与文字创作；太阳历、医学与教学等。

146. 古巴比伦文明史是什么?

古巴比伦文明的发祥地伊拉克，位于阿拉伯半岛、小亚细亚半岛和伊朗高原之间。流经伊拉克的底格里斯河和幼发拉底河的两河流域，产生过饮誉世界的两河文明，孕育了璀璨夺目的古巴比伦文化。

人类最早的奴隶制国家产生于两河流域。公元前 3500 年以后，苏美尔人在两河流域南部建立起很多奴隶制小国。苏美尔衰落后，古巴比伦城邦兴起。公元前 18 世纪，古巴比伦王国国王汉谟拉比统一了两河流域，建立起中央集权的奴隶制国家。为维护奴隶主的利益，汉谟拉比制定了一部法典，史称《汉谟拉比法典》。它是现存的古代第一部比较完备的成文法典。

从公元前 18 世纪古巴比伦王国统一两河流域到公元前 6 世纪前后，巴比伦一直是西亚最繁华、最壮观的都市。特别是在新巴比伦王国尼布甲尼撒二世（前 604—前 562）王朝，新巴比伦城进入鼎盛时期。当时新巴比伦王宫的“空中花园”被列为世界七大奇迹之一。

147. 古印度文明史是什么?

印度是世界四大文明古国之一。公元前 3500 年之后，农业文明遍布印度生活。公元前 2500 年前后，印度河流域出现高度发达的城市文明，当地先民开始使用文字。公元前 1500 年左右，吠陀时代开始。吠陀文明为后来印度教的发展和印度文明的腾飞奠定基础。

公元前 6 世纪，各种哲学流派和社会学说并起纷呈，佛教和耆那教应运而生。公元 3 至 6 世纪的笈多王朝，是印度古代文明发展的黄金时代，科学、文学、艺术等许多领域均取得了非凡的成就。婆罗门教在这一时期经过改革演化为印度教。

10 世纪之后，随着穆斯林入侵并建立政权，印度古典文明开始衰落。19 世纪中叶，英国完成对印度的征服。1947 年 8 月 15 日，印度获得独立，古老文明获得新生。

印度古代文明最显著的特色是其宗教性。印度教、佛教和伊斯兰教都在印度创造了灿烂的文化，构成印度文明的三大板块。

148. 古中国文明史是什么？

古中国文明即华夏文明，属大河文明。作为文化古国，中华五千年文明从未出现彻底的文化断层。

华夏是中国和汉族的古称，“华”意为荣、美，“夏”意为大。汉语和文字亦是华夏文化的重要特征，汉语是世界上使用人数最多的语言，汉字在书写上也成为一种艺术。

华夏文化因地域辽阔，各地差异较大。戏曲、饮食、建筑等各具异彩，出现各种唱腔与乐器调和的地方戏；酸、甜、咸、辣风味不同的各色菜系；各具地方特色的建筑和民居。华夏文明史的六个起源性问题，一是中国北方旱作农业的起源；二是中国彩陶的起源；三是中国传统建筑和宫殿建筑的起源；四是中国绘画的起源；五是中国文字的起源；六是中国古城的起源。其中旱作农业、彩陶和文字的起源都可以追溯到七八千年前。

149. 神圣罗马帝国是什么？

神圣罗马帝国是中世纪欧洲封建帝国。962 年，德意志国王、萨克森王朝的奥托一世在罗马由教皇约翰十二世加冕称帝，成为最高统治者。从 1157 年起，帝国被称为神圣罗马帝国，帝国极盛时期的疆域包括近代的德意志、奥地利、意大利北部和中部、捷克、斯洛伐克、法国东部、荷兰、比利时、卢森堡和瑞士。

11 至 12 世纪，帝国统治者为称霸欧洲，多次入侵意大利，旷日持久的战争消耗了帝国的实力，中央权力衰落。1474 年起，帝国被称为德意志民族神圣罗马帝国，已成为徒具虚名的政治组合。

16 世纪初爆发的宗教改革运动和德意志农民战争加速了帝国的分裂。1804 年，拿破仑一世自立为法兰西帝国，并在战胜第三次反法联军后于 1806 年 7 月建立莱茵联邦，迫使弗兰茨二世在同年 8 月 6 日放弃神圣罗马帝国皇帝称号，神圣罗马帝国彻底瓦解。

150. 欧洲中世纪是什么？

中世纪（约395—1500），是欧洲历史上的一个时代（主要是西欧），由西罗马帝国灭亡开始计算，直到文艺复兴之后，极权主义抬头的时期为止。“中世纪”一词是从15世纪后期的人文主义者开始使用的。这个时期的欧洲没有一个强有力的政权来统治。封建割据带来频繁的战争，造成科技和生产力发展停滞，人民生活在毫无希望的痛苦中，所以中世纪或者中世纪的早期在欧美普遍被称作“黑暗时代”，传统上认为这是欧洲文明史上发展比较缓慢的时期。

中世纪宗教，自从公元312年君士坦丁宣布合法化基督教后，基督徒就从被迫害者变为迫害者。历史上有很多伟大的思想家及科学家被基督徒迫害，如哥白尼、布鲁诺等。另外，教会却相当重视古代知识的传承以及教育，欧洲有许多大学是在教廷资助下建立的。

11—13世纪是中世纪文化发展的巅峰时期。这时期涌现出许多哲学家、艺术家和科学家，像但丁、达·芬奇、米开朗琪罗、拉斐尔、莎士比亚、哥白尼、布鲁诺、伽利略、开普勒、培根等。

151. 文艺复兴时期是什么？

文艺复兴是一场发生在14世纪中期至16世纪末的文化运动。“文艺复兴”一词的原意是指希腊、罗马古典文化的再生。但是，当时西欧各国经历了人文主义兴起、艺术风格更新，空想社会主义出现、近代自然科学开始发展等一系列的重大事件，与其说文艺复兴是古典文化的再生，不如说是近代文化的开端。

文艺复兴的核心思想是人文主义。人文主义者以“人性”反对“神性”，用“人权”反对“神权”。人文主义的理念，其重点是“人”，是“人”的本能的发挥，是“人”追求真、善、美的动力。

文艺复兴把人们从中世纪基督教神学的桎梏下解放出来，资产阶级正是在这种精神的指引下创造近代资本主义世界的。文艺复兴提倡科学方法和科学实验，提出“知识就是力量”，开创了探索人类自身和现实世界的新风气。文艺复兴时期创造出大量富有魅力的精湛的艺术品及文学杰作，成为人类艺术宝库中的无价瑰宝。

152. 英法百年战争是什么?

英法百年战争是指14—15世纪英法间长达116年的战争，是世界上最长的战争。

12世纪中，英国金雀花王朝在法国占有广阔领地，12—13世纪，法国国王逐渐夺回部分被英王占领的土地。1328年，查理四世去世，法国卡佩王朝绝嗣，英王爱德华三世参与争夺王位，触发战争。

1337年11月英王率军进攻法国，战争开始。1356年9月法军大败，法王及众臣被俘，英国借此向法国索取巨额赎金。1360年法国王子查理被迫签订屈辱的《布勒塔尼和约》，把加来及法国西南部大片领土割让给英国。

1364年，王子查理继位，称查理五世。1396年双方缔结二十年停战协定。1415年8月，英王亨利五世趁查理六世即位后法国内讧之机，领兵进攻法国。1428年10月，英军围攻通往法国南方的要塞奥尔良城，形势危急。1429年，法国女民族英雄贞德率军击退英军，解奥尔良城之围。此后，法国人民抗英运动继续高涨，英军节节败退。1453年，除加来外，法国领土全部收复。至此，百年战争以法国胜利而结束。

153. 英国宪章运动是什么?

英国宪章运动是指19世纪30年代至50年代英国发生的争取实现“人民宪章”的工人运动，是世界三大运动之一。

1832年英国议会改革为工业资产阶级打开进入议会的大门，在这一改革斗争中起过巨大作用的群众却仍处于无权地位。他们决心进行独立的政治斗争，争取新的选举改革。1836年伦敦工人协会成立。次年6月，协会拟定一个争取普选权的纲领性文件，并于1838年5月8日以“人民宪章”的名称发表，“宪章运动”由此得名。

宪章拥护者在各地集会、游行，要求实现宪章。1839年运动进入第一次高潮。2月4日，全国的宪章派在伦敦召开第一届代表大会，并通过致议会请愿书。到1839年5月，在请愿书上签字的达125万人以上。1840年7月，全国宪章协会成立。1842年的经济危机促使第二次宪章运动高潮的到来，2月宪章派向议会递交了新请愿书，签名人数达300多万。1848年出现第三次高潮，约197万人在请愿书上签名。这三次运动都被政府镇压。1848 年后，运动逐渐衰落。

154. 美国独立战争是什么?

美国独立战争（1775—1783），或称美国革命战争，是大英帝国和其北美十三州殖民地的革命者，以及几个欧洲强国之间的一场战争。这场战争一开始主要是为了对抗英国的经济政策，后来因为法国加入对抗英国，使战争范围远远超出英属北美之外。抗争始于 1775 年 4 月的莱克星顿，1776 年 7 月 4 日大陆会议通过了由托马斯・杰斐逊执笔起草的《独立宣言》，宣告了美国的诞生。

经过北美人民的艰苦抗争，英美终于在 1783 年 9 月 3 日签订《巴黎和约》，英国承认美国独立。独立战争结束了英国对北美人民的殖民统治。这场战争也为日后加拿大的独立做了准备。

155. 旧石器时代是什么?

旧石器时代在考古学上是以使用打制石器为标志的人类文化发展阶段，是石器时代的早期阶段。一般认为这段时期在距今约 250 万年至约 1 万年前。这个时期的人们主要是制造简单的工具以作打猎和采集的用途。

总体来说，在旧石器时代早期，人类已经学会了用火，中期出现了骨器，晚期已经能制造简单的组合工具，而且开始形成了母系氏族。元谋猿人、蓝田猿人、北京人、山顶洞人等基本上处于这一时期。

旧石器时代中期文化，基本上保持了早期文化的类型和加工技术。

进入旧石器时代晚期，遗址数量增多，文化遗物更加丰富，技术有明显进步，文化类型也更加多样。在华北、华南及其他地区，都存在时代相近但技术传统不同的文化类型。

156. 新石器时代是什么?

新石器时代是石器时代的后期，我国大约在一万年前就已进入新石器时代。新石器时代大致分为三大经济文化区：

一是旱地农业经济文化区，包括黄河中下游、辽河和海河流域等地，这里是粟、黍等旱作农业起源地，有半坡遗址等。

二是水田农业经济文化区，主要为长江中下游。本区很早就种植水稻，是稻作农业的重要起源地，有河姆渡遗址等。距今7 000年前的河姆渡遗址，出土物中发现水稻遗存，证明了长江下游及其附近地区是中国也是世界水稻栽培的起源中心。

三是狩猎采集经济文化区，包括长城以北的东北大部、内蒙古及新疆和青藏高原等地，面积大约占全国的三分之二。这个区域除个别地方外基本上没有农业，陶器也不甚发达。

考古发现表明，新石器晚期已经出现了阶级、贫富分化，人类社会已经向国家文明时代迈进。

157. 周公制礼是什么？

周王朝建立之后，统治者在夏礼和商礼的基础上，制定了一整套礼制，史称“周公制礼”。

制礼的内容非常广泛，大到对国家的政治制度，小到对个人的日常行为都有详细规定。大的方面包括宗法制、分封制和国家重大活动的制度礼仪，小的方面包括人的婚姻、丧事、成人礼仪、祭祀活动等等。如办丧事的时候禁止谈笑；远望灵柩的时候不许唱歌；吃饭的时候不要叹息；邻居有丧事，不许在街巷唱歌；听音乐的时候不要唉声叹气。通过周公制礼，统治阶层力图使西周的社会制度、国家制度和人们生活以及思想，都要符合礼的要求，做事以礼为准则。此后，在中国两千多年的历史中，虽然朝代更替很多，但西周时周公制礼所确定的各种礼制都被继承了下来，特别是在婚姻制度方面，直到现在还可以看到周礼的影响。

158. 春秋战国是什么？

春秋战国分为春秋时期和战国时期。

春秋时期，简称春秋，指公元前770年至公元前476年，是属于东周的一个时期。春秋时期周王的势力减弱，诸侯群雄纷争，齐桓公、晋文公、宋襄公、秦穆公、楚庄王相继称霸，史称“春秋五霸”。战国时期简称战国，指公元前475年至公元前221年，是中国历史上东周后期至秦统一中原前，各国混战不休，故被后世称为“战国”。

春秋战国时期，诸侯争霸战争破坏了奴隶制的旧秩序，给人民带来了灾难和痛苦。但战争的结果加快了统一进程，促进了民族融合，也加快了变革的步伐。变法最彻底的秦国，成为各诸侯国中实力最强者，后来发展成统一的核心力量。

春秋战国时期我国的封建经济得到了进一步发展，尤其北方成就更为突出。生产力的飞跃引起了生产关系的革命。文化上，成就了一大批杰出人才，出现了百家争鸣的局面。

159. 汉朝历史是什么?

汉朝文化统一，科技发达，以儒家文化为代表的汉文化圈正式成立，华夏族自汉代起逐渐被称为汉族，两汉为华夏文明的延续和挺立千秋做出了巨大贡献。在科技领域亦颇有成就，如蔡伦改进了造纸术，成为中国四大发明之一，张衡发明了地动仪、浑天仪等。

汉朝（前 206—220），分为西汉和东汉。西汉共有 14 个帝王。公元前 202 年高祖刘邦建汉，定都长安。文景之治后，汉武帝进一步推动大一统事业。

文景之治：汉文帝刘恒和儿子汉景帝刘启在位期间，采取黄老无为而治的手段，实行轻徭薄赋、与民休息的政策，使得生产逐渐恢复与发展，史称文景之治，是一个被传统历史学家称羡的治世时代。

汉武盛世：汉景帝刘启死后，其子刘彻即位，是为汉武帝。刘彻在位期间采取了一系列改革措施，锐意进取，使得汉朝的政治、经济、军事变得更为强大。汉武帝时期奠定了汉地范围，此段时期是汉朝走向强盛的重要时期。

公元 9 年，王莽篡权，西汉结束。25 年，刘秀称帝，建立东汉，定都洛阳。出现了光武中兴和明章之治。220 年曹丕篡汉，东汉灭亡，进入三国时期。

160. 魏晋南北朝历史是什么?

魏晋南北朝共 369 年，可分为三国时期、西晋时期、东晋与十六国时期、南北朝时期。另外位于江南，全部建都在建康的孙吴，东晋，南朝的宋、齐、梁、陈等六个国家又统称为六朝。

三国时期包括了魏、蜀、吴，分别是曹丕、刘备及孙权所建立。

曹魏的年代始于公元 220 年，曹丕篡汉，建都洛阳，史称魏或曹魏。曹魏亡于公元 265 年，共历五帝、46 年。蜀汉为刘备所建立的国家，公元 221 年，刘备称帝于成都，国号曰汉，史称蜀或蜀汉。公元 263 年蜀汉为曹魏所灭，共历二帝、43年。孙吴为孙权所建立的国家，公元222年孙权称吴王，229年称帝，国号吴，建都于建业，史称孙吴或东吴。公元280年东吴为晋朝所灭，共历四帝、59年。

南朝分为宋、齐、梁、陈四代。北朝主要为北魏、东魏、西魏、北齐、北周及隋朝。公元581年，北周大臣杨坚受禅称帝，国号大隋，公元589年灭南方的陈朝，结束南北朝分裂的局面，全国再度统一。

161. 唐朝历史是什么?

唐朝（618—907），是继隋朝之后的大一统王朝，共历21帝，290年，是公认的中国最强盛的朝代之一。

隋末天下群雄并起，617年唐国公李渊发动晋阳兵变，次年在长安称帝建立唐朝，因皇室姓李，故又称为李唐。唐太宗继位后开创贞观之治，唐高宗承贞观遗风开创永徽之治，之后武则天一度以周代唐，神龙革命后恢复大唐国号。唐玄宗即位后励精图治，开创了经济繁荣、四夷宾服、万邦来朝的开元盛世，天宝末，全国人口达八千万上下。安史之乱后藩镇割据、宦官专权导致国力渐衰，中后期又经元和中兴、会昌中兴、大中之治国势复振。878年爆发黄巢起义动摇了唐朝统治根基，907年朱温篡唐，唐朝覆亡，中国进入五代十国。

唐朝是中国历史上唯一未修建长城的大一统中原王朝。唐朝国土在西部及北部皆超出现代中国的疆界范围。唐代科技、文化、经济、艺术具有多元化特点，在诗、书、画各方面涌现了大量名家，如诗仙李白，诗圣杜甫，颜筋柳骨的颜真卿、柳公权，画圣吴道子，音乐家李龟年等。唐朝文化兼容并蓄，接纳海内外各国民族进行交流学习，形成开放的国际文化。

唐朝与当时阿拉伯帝国并列为世界上最强盛的帝国，声誉远扬海外，与亚欧国家均有往来。唐朝以后海外多称中国人为唐人。

162. 宋朝历史是什么?

宋朝（960—1279）是上承五代十国下启元朝的朝代，分北宋和南宋两个阶段，共历18帝，320年。

960年，后周诸将发动陈桥兵变，拥立赵匡胤为帝，建立宋朝。赵匡胤为避免晚唐藩镇割据和宦官专权乱象，采取重文抑武的施政方针，一方面加强了中央集权，另一方面剥夺武将兵权。宋太宗继位后统一全国，至宋真宗时期与辽国缔结澶渊之盟后逐渐步入治世。1125 年金国大举南侵，导致了靖康之耻，宋室被迫南迁。赵构在南京应天府（今河南商丘）继位，建立了南宋，绍兴和议后与金国以秦岭淮河为界，后期爆发宋元战争，1276 年元朝攻占临安，崖山海战后，南宋灭亡。

宋朝是中国古代历史上商品经济、文化教育、科学创新高度繁荣的时代，北宋咸平三年（1000）中国 GDP 总量为 265.5 亿美元，占世界经济总量的 22.7%，人均 GDP 为 450 美元，超过当时西欧的 400 美元。后世虽认为宋朝“积贫积弱”，但宋朝民间的富庶与社会经济的繁荣实远超过盛唐。史学家陈寅恪曾言："华夏民族之文化，历数千载之演进，造极于赵宋之世。"

163. 清朝历史是什么？

清朝历史（1616—1911）是中国清朝时期的历史。从 1616 年努尔哈赤建立后金算起，到宣统帝下诏退位为止，共 296 年的历史。

女真族是满族的前身，长期居住在今黑龙江一带。1616 年，努尔哈赤在赫图阿拉建立后金，脱离了明朝的统治；虽然明朝多次派兵攻打后金，但都被击败。1636 年，皇太极在沈阳改国号为大清，正式开始了灭明的战争。1644 年，李自成攻克北京后，远在山海关的总兵吴三桂以为明帝报仇为名引清军入关。随后开始了统一全国的战争。

1662 年，康熙帝登基即位，年号康熙，是为清圣祖。康熙皇帝是我国历史上著名的皇帝之一，他在位的六十一年是清朝发展最快的时期。康熙之后，继雍正帝即位的乾隆帝也是清朝历史上的一位明主。他在位的六十年是清朝的又一快速发展时期。乾隆皇帝在其父雍正的统治基础上，进一步发展经济，国力更加昌盛；加强了同蒙、回等少数民族的联系，稳定了清朝对各族的统治。清康熙、雍正、乾隆三代皇帝统治的时期，社会稳定，人民的生活水平有了很大的提高，大清帝国达到了有史以来的鼎盛阶段，史称“康乾盛世”。

1840 年，林则徐在虎门销烟以后，英政府以保护侨民为名，出动军舰企图进攻广州，这一事件成为中国近代史的起点。此后清朝开展了洋务运动和戊戌变法等探索国家独立富强的社会变革，但均以失败告终。1911 年爆发了辛亥革命，1912 年 2 月 12 日，袁世凯迫使宣统帝溥仪颁布退位诏书，清朝自此灭亡。中国脱离了帝制而转入了民主共和时期。

164. 五四运动是什么？

五四运动发生于 1919 年的 5 月 4 日，是一场发生于北京，以青年学生为主，包括广大中下阶层参与的一次爱国运动。事件起因是在第一次世界大战完结后举行的巴黎和会中，列强肆意践踏中国主权，把德国在山东的权益转让给日本，即山东问题。就此，当时的北洋政府未能捍卫国家利益，在列强面前显得软弱，使国人异常不满，从而上街游行表达不满。当时最著名的口号之一是“外争国权，内除国贼”。

广义的五四运动则是指自 1915 年中日签订《二十一条》至 1926 年北伐战争之间，中国知识界和青年学生反思中国传统文化，追随民主科学，探索强国之路的新文化运动的继续和发展。它是一场深刻的思想解放运动。五四运动具有伟大的历史意义，它表现出的反帝反封建的彻底性是史上前所未有的，实际上揭开了全民族进行彻底的反帝反封建斗争的序幕。

165. 抗日战争是什么？

抗日战争从 1937 年“七七事变”国民政府发表《告全体将士书》至 1945 年日本宣布投降结束，历时八年，被称为八年抗战或简称抗战。1931 年，侵华日军发动九一八事变后，完全侵占中国东北，并成立伪满洲国，此后陆续在华北、上海等地挑起战争冲突，国民政府采取妥协政策避免冲突扩大。

1937 年 7 月 7 日，日军在北平附近挑起卢沟桥事变，中日战争全面爆发。在战争初期，中国投入大量军队以遏制日军的进攻；随后交战双方即转入相持阶段，中国共产党领导的敌后力量逐渐发展壮大，1941 年 12 月 7 日，日本发动太平洋战争后，美国的罗斯福政府正式对日宣战，中国战场成为“二战”的主战场之一。1945 年 8 月 15 日，日本向同盟国无条件投降。

抗日战争是人类战争史上的奇观，中国人民为最终战胜世界法西斯势力做出了历史性贡献，抗日战争对中国造成了巨大的人员和财产损失，但战争过程中民众的国家观念得到了增强。爱国主义成为抗战的最强音和主旋律。

第八篇　文学是什么

166. 文学是什么?

文学是以语言文字为载体，形象化地反映客观现实、表现作家自由心灵世界的审美存在形式。文学起源于人类的思维活动。最先出现的口头文学，一般是与音乐联结为可以演唱的抒情诗歌。我国先秦时期将以文字写成的作品都统称为文学，魏晋以后才逐渐将文学作品单独列出。现代通常将文学分为诗歌、小说、散文、戏剧四大类别。

中国文学是以汉民族文学为主干部分的各民族文学的共同体，有数千年的悠久历史。它以优秀的历史、多样的形式、众多的作家、丰富的作品、独特的风格、鲜明的个性、诱人的魅力成为世界文学宝库中的瑰宝。

西方不同的历史时期有着不同特色的文学。早期作品经常带着宗教或教诲的目的；19 世纪则强调通俗及情感投入的浪漫主义。随后，浪漫主义文学慢慢被寻求真实的现实主义与自然主义文学取代。到了 20 世纪，象征主义抬头，题材上侧重描写个人幻影和内心感受，强调用有质感的形象和暗示、烘托、对比、联想等方法来创作。

167. 文学作品的类型和体裁是什么?

文学作品的类型有现实型、理想型、象征型三种。

现实型文学是一种侧重以写实的方式再现客观现实的文学形态，基本特征是逼真性和再现性。理想型文学则侧重以直接抒情的方式表现主观理想，例如陶渊明的《桃花源记》创造了一个隔绝世界、人人平等、自耕自足的理想乐土。象征型文学是一种侧重以暗示的方式寄寓审美意蕴的文学形态。例如，梅特林克的剧本《青鸟》，通过两个孩子寻找青鸟的故事，象征人们对幸福的追求和渴望。

文学的基本体裁分为诗、小说、剧本、散文和报告文学等。

诗的词语凝练，结构跳跃，富有节奏和韵律，高度集中地反映生活和抒发思想情感。小说则侧重刻画人物形象、叙述故事情节。散文注重抒写真实感受、境遇。报告文学则在真人真事基础上塑造艺术形象，具有及时性、纪实性、文学性的特征。

168. 古典文学是什么?

西方古典主义是首先形成与繁荣于法国，随后流行于西欧的一种文学思潮，因其在文艺理论和创作实践上以古希腊、罗马文学为典范和模板而被称为“古典主义”。西方古典主义文学是崇尚“理性”的文学，在创作理论上强调模仿古代，要求艺术形式美，并按照规定的创作原则进行创作，例如戏剧里的“三一律”。西方古典主义文学还注重道德说教，目的在于抑恶扬善。

中国古典文学通俗指的是中国古代文学，按照中国文学史的划分方法，可以分为上古期、中古期、近古期，相对应的时间段是先秦两汉、魏晋至明中叶、明中叶到五四运动。魏晋南北朝是中国古代文学的一个转折，这个时期出现文学自觉。中国古代文学的体裁大致可以分为两种，一种是文学性的体裁，主要包括神话、赋、诗、词、戏曲、小说等；另一种是非文学性的体裁，主要包括诏、论、说、传、表、奏、书等。

169. 中国现代文学是什么?

中国现代文学是在中国现代社会背景下，以现代文学语言与文学形式，表达现代中国人的思想、感情、心理的文学。

中国现代文学经历了三个十年，第一个十年（1917—1927）称“五四时期”文学，1917 年，胡适、陈独秀在《新青年》上发表《文学改良刍议》和《文学革命论》，标志文学革命运动的正式兴起。鲁迅划时代的《狂人日记》就创作于这一时期。第二个十年（1928—1937）是第二次国内革命战争时期的文学，也称“左联”时期的文学，作品思想性、战斗性强，多表现现实社会矛盾、封建压迫和阶级对立，例如老舍的《骆驼祥子》，曹禺的《日出》和《雷雨》。第三个十年（1938—1949）是抗战与解放时期的文学，文学作品主要围绕抗日救亡运动和反压迫、争民主的民主革命运动展开。例如郭沫若的《屈原》，表达了人民正义的呼声。现代文学 30 年与时代社会紧密联系，为人生、为革命的现实主义精神渗透其中。

170. 民间文学是什么?

民间文学是“五四”新文化运动后出现和流行的学术名词，它是广大民众集体创作、口头流传的文学作品，是一个内涵很丰富的概念，包括神话、传说、故事、儿歌、史诗、谚语、歇后语、相声、快板、小戏等多种样式。

民间文学具有口头性，是口头创作和口头流传的文学，只要会说话的人就可以创作，如在劳动中唱的山歌，其鼓舞干劲、缓解疲劳的作用及朗朗上口的音乐性是其广为传诵的原因。民间文学有流传性，只有可以流传的口头作品才能成为民间文学。盘古开天辟地的神话传承至今，可见其悠久的生命力。在流传中民间文学会发生变异，在口头流传中作品发生一些改变，艺术成分增加，如孟姜女的传说由一个遵守礼法的女子的故事变成一个追求爱情、反抗暴政的传说。民间文学作为一种集体性创作，在说唱过程中无数人都参与了创作，因而是集体所共有的文学。

171. 先锋文学是什么?

先锋文学是现代主义文学的一个重要流派，它追求艺术形式和风格上的新奇，开创了新的小说观念、叙述方法和语言实验，风格新奇，多用暗示、隐喻、象征和意象。先锋文学是一种新的文学探索，在一定程度上体现了创作主体自我实现和自由程度的提高。

先锋文学打破传统的文学规范，是极端个人化的写作，先锋小说从“写什么”变成“怎么写”，例如我国 20 世纪 80 年代崛起的先锋作家马原，作品追求亦真亦幻的叙事效果，把叙事放在比情节更高的地位。这一时期先锋小说的代表作家还有莫言和残雪。

90 年代的先锋作家减弱了形式实验和文本游戏，开始用平实的语言书写人类生存，这是先锋文学向现实主义传统的回归。例如余华的《活着》和《许三观卖血记》，虽然作者用冷静的笔调描写死亡、血腥，但更多了一些悲天悯人的情感。

172. 意识流是什么？

意识流兴起于第一次世界大战后的法国，二十世纪二三十年代流行于英、美、法等国，是当时在小说和电影中广为应用的写作技巧。

意识流的概念最早由美国心理学家威廉·詹姆斯所提出。他认为人的意识活动不是以各部分互不相关的零散方法进行的，而是一种流，一种在主观感觉中具有直接现实性的时间感。法国哲学家柏格森强调并发展了这种时间感，提出了心理时间的概念。奥地利精神病医生弗洛伊德肯定了潜意识的存在，并把它看作生命力和意识活动的基础。他们的理论观点，促进了文学艺术中意识流方法的形成和发展。

意识流作家大量运用内心独白、自由联想和象征暗示的艺术手法，并在语言、文体和标点方面有很大创新。法国的普鲁斯特、爱尔兰的乔伊斯、英国的伍尔芙和美国的福克纳是意识流小说的代表作家。

173. 现实主义是什么？

现实主义一般有两种意义：一种是广义的现实主义，作品的逼真性与对象的酷似程度是判断作品成功的准则；另一种是狭义的现实主义，特指发生在 19 世纪的现实主义运动，发源于与浪漫主义的论争。

现实主义要求：第一，真实客观地再现社会现实，强调文学对现实的忠诚和责任。第二，典型论是构成现实主义理论的核心内容，想要解决的是文学人物的特殊与一般的关系问题。例如《阿 Q 正传》里的阿 Q 不仅是文学形象，也是当时社会的国民形象。第三，历史性，通过描写人与现实的矛盾来揭示人与社会的辩证法则。

20 世纪 40 年代中国的现实主义文学思潮是和民族救亡与民族解放紧密联系在一起的。它具有很强的政治性，抗战时期，文学几乎成为政治宣传的工具；抗战胜利后，以暴露和讽刺为主题的批判现实主义文学繁荣一时。

174. 浪漫主义是什么？

“浪漫主义”一词最早出现于 17 世纪末，1848 年以后，浪漫主义作为一个文学运动和流派基本结束。浪漫主义强调人的主观性和内心现实，反对古典主义的理性统治，推崇情感的力量，代表人物有德国的施莱格尔兄弟、莱辛、海涅等，法国的雨果和拉马丁，以及英国的拜伦、雪莱等。

中国文坛掀起浪漫主义文学思潮是在“五四”时期，人们对当时中国半殖民地半封建的黑暗背景感到失望和痛苦，以及受到了西方非理性思潮的影响，代表是郭沫若、郁达夫等人在日本成立的创造社。“五四”时期的浪漫主义文学思潮从个性解放主义出发，强调自我是浪漫主义文学观的核心，崇尚情感，强调直觉、灵感和想象对创作的巨大作用。到“五卅”惨案后，中国的浪漫主义文学趋向于革命现实主义文学，不过仍有以新月社为代表的徐志摩、闻一多等人继续在唯美道路上前行。

175. 现代主义是什么？

现代主义是象征主义、未来主义、意象主义、表现主义、意识流、超现实主义诸种流派的总称。最早萌生于欧洲 19 世纪中叶，19 世纪末迅速成长，形成与现实主义主潮相对抗的一种新思潮，并在 20 世纪 20 年代达到鼎盛，五六十年代后现代主义逐渐取代现代主义。

现代主义强调主观性的真实，认为现实的描绘离不开人的意识，追求直接表现精神即深藏内部的灵魂。现代主义的作品往往带有阴郁、神秘、焦虑、荒诞、迷惘和绝望的气息，它以极端激进的文学试验和陌生化的艺术形式使人们意识到所处环境的真实性。

20 世纪 20 年代，中国面临内忧外患，在这种背景下，现代主义的孤独感、迷惘感和焦虑感正符合人们的精神状态，现代主义文学思潮因此在中国崛起，李金发因为象征主义诗集《微雨》的出版而成为中国新文学的第一位现代主义诗人。

176. 《史记》是什么？

《史记》是西汉文学家司马迁的著作，原名《太史公书》，东汉末才被称为《史记》。作为中国第一部纪传体通史，被鲁迅先生称为“史家之绝唱，无韵之《离骚》”。《史记》记载了从传说中的黄帝到汉武帝太初四年约三千年的历史，全书共一百三十篇，由十二本纪、十表、八书、三十世家、七十列传组成。

十二本纪按时代顺序记叙历代最高统治者的政绩，记载各国兴衰终始；十表排列帝王侯国间的大事，是各个历史时期的大事记；八书是关于天文、历法、水利、经济、文化等方面的专史；世家是先秦各国诸侯和汉代有功之臣的传记；列传为历代不同阶级、不同类型的有影响的人物的传记，少数列传则记外国史和少数民族史。

《史记》是我国第一部正史，也是第一部由个人独立完成的具有完整体系的著作，它开启了后代正史修撰的先河。

177.《文心雕龙》是什么？

《文心雕龙》是南朝文学理论家刘勰创作的一部理论系统、结构严密、论述细致的文学理论专著。刘勰创作《文心雕龙》的目的在于指导文章的写作，为此，他对全书做出如下安排：《文心雕龙》共五十篇，其最后一篇是《序志》，相当于现代的序言。除《序志》外，把剩下的四十九篇的前二十五篇称为上篇，后二十四篇为下篇，总分为“文之枢纽”“论文叙笔”“剖情析采”三部分。

“文之枢纽”是指导文章写作的总原则，体现在前五篇《原道》至《辨骚》中，其中前三篇提出写作的根本标准，后两篇进一步提出写作的基本方向。“论文叙笔”体现在《明诗》至《书记》的二十篇中，指出刘勰论文体是以“文”“笔”进行分类的。“剖情析采”体现在《神思》至《程器》的二十四篇中，其中前十九篇归为创作论范围，论述了创作构思、结构风格、炼字造句；后五篇归为批评论范围，论述了文学与现实，作家的才性，批评的方法。

178. 唐宋八大家是什么？

唐宋八大家是唐宋时期八大散文代表作家的合称，即唐代的韩愈、柳宗元和宋代的苏轼、苏洵、苏辙、欧阳修、王安石和曾巩。

作为主持古文运动的中心人物，唐宋八大家提倡散文、反对骈文，这对当时和后世的文坛产生深远影响。韩愈是唐代古文运动的领导者，位居“唐宋八大家”之首，他的文章气势宏大、曲折多姿，形成自己独特的风格，代表作有《师说》《马说》。柳宗元反对六朝以来萎靡的文风，提倡质朴流畅的散文，代表作有《捕蛇者说》《永州八记》。欧阳修反对浮靡雕琢、晦涩的“时文”，提倡简而有法、流畅自然的风格，名篇有《醉翁亭记》。苏轼能书善画，诗词一流，著名的有《赤壁赋》。苏洵语言明畅，说理反复，有战国纵横家色彩。苏辙笔风雄健，有《屈原庙赋》等名篇。王安石笔力豪迈，善说理议论，代表作有《游褒禅山记》。曾巩长于议论和记事，文字精练，名篇有《读贾谊传》等。

179. 中国古代四大名著是什么？

中国古代四大名著分别是：《三国演义》《水浒传》《西游记》《红楼梦》。

《三国演义》是我国第一部长篇章回体小说，也是历史演义的开山之作，它的作者是元末明初的小说家罗贯中。本书描写了从东汉末年到西晋初年近100年的历史，这一时期不同社会集团间的政治、军事、外交斗争，刻画了一批三国英雄形象。

《水浒传》是我国古代“传奇英雄”类长篇小说的扛鼎之作。作者是元末明初施耐庵、罗贯中。讲述了北宋以宋江为首的一百零八位好汉在梁山起义，聚义以后接受招安的故事，深刻揭示了起义的社会根源，歌颂了英雄的反抗斗争和社会理想，也揭示了起义失败的内在历史原因。

《西游记》是我国古代第一部浪漫主义的长篇神魔小说，作者是明代吴承恩。用游戏笔墨讲述唐太宗贞观年间唐僧西天取经的故事，呈现出世俗世界和精神世界的双重极权皇权和神权，表达了对权威的反抗以及张扬了英雄主义。

《红楼梦》是清代小说家曹雪芹、高鹗共同创作的作品，全书以贾、史、王、薛四大家族为生活背景，以贾宝玉、林黛玉、薛宝钗之间的爱情纠葛和婚姻悲剧为中心线索，写出一个封建大家庭由盛而衰的经过，摹画了贵族家庭内部和当时社会的种种人情世态。

第九篇　政治学是什么

180. 政治学是什么？

政治学是一门以研究政治行为、政治体制以及政治相关领域为主的社会科学学科。政治学的特点是理论和体系的多样性。现代政治学由于有充分的知识和其他相关学科研究成果的依托，因此在各方面确立了各自独立的理论和体系。在政治学这个大学科之内，不仅有许多分支学科，而且在各分支学科内存在许多理论体系和模式。

现代政治学的研究重点已从传统的国家、主权、制度、政治观念、政体、法规等转移到政治的社会因素方面、过程方面，如政治行为、政治文化、政治环境、政策等。

现代西方政治学研究注重材料的搜集整理和定量分析，注重多层次、多角度地观察政治现象。这些使当代西方政治学主要研究投票行为、预算程序及压力集团等政治的微观领域。

181. 国家是什么？

广义上，国家是指拥有共同的语言、文化、种族、血统、领土、政府或者历史的社会群体。狭义上，国家是一定范围内的人群所形成的共同体形式。国家行政管理当局一般是国家的象征，它是一种拥有治理一个社会的权力的国家机构，在一定的领土内拥有外部和内部的主权。

恩格斯指出，国家的出现是人类社会发展的必然结果。随着物质资料生产的发展，生产关系逐渐代替血缘关系，社会结构发生了根本变化。阶级形成后，当两个对立阶级的矛盾达到不可调和时才出现了国家。

西方政治学界总结出了现代国家的三个特点：其一，统治者及官员的专业化。其二，权力中心的集中化，同时形成了金字塔形的法律体系或规范体系。其三，政治权力的制度化、非人格化、非家族化。公共权力的行使应严格限制在法定的范围之内，其运用应严格遵守现行法律，而非统治者的个人好恶，要去除一切不确定性。

182. 政治体制是什么?

政治体制是国家的政治、统治形态，即国家政治体系运作的形式，一般是指一个国家政府的组织结构和管理体制。

自古以来，人们一直试图对纷繁复杂的政体类型进行概括和分类。近代比较有代表性的是约翰·威廉·柏杰斯的政体分类标准：根据主权机关与政府机关有无区别分为直接政府和间接政府；根据国家元首的产生方式分为世袭政府和选任政府；根据行政与立法部门的关系分为内阁制和总统制；根据政府机关的职权集散分为单一制和联邦制。

中国的政体是人民代表大会制度。中华人民共和国的一切权力属于人民，这是中国政治制度的核心内容和根本准则。这意味着一切国家机关的权力都是来自人民的，都是由人民授予的。而中国政治体制的安排和国家机构的设置，目的都是从政治上和组织上保证全体人民掌握国家权力，真正成为国家的主人。

183. 自由是什么?

自由是政治哲学的核心概念，自由也是一种社会概念。自由是社会人的权利。与自由相对的，是奴役。法国大革命纲领性文件《人权宣言》中，对自由的定义是：“自由即有权做一切无害于他人的任何事情。”自由是一个非常具有时限性和相对性的概念，不同群体、不同个体对自由的看法是不同的。

中国《宪法》规定了公民的基本政治自由，公民依法享有参加国家政治生活，包括选举、被选举、参政、议政、出版、集会、结社等的自由。言论自由是指公民有权用各种语言形式，针对政治和社会中的各种问题表达其思想和见解的自由。出版自由，是指以文字、音响、绘画等形式出版作品，向社会表达思想的自由。结社自由，是指有共同意愿或利益的公民，为了一定宗旨而依法定程序组成具有持续性的社会团体的自由。集会自由和游行、示威自由，都是公民表达自己见解和意愿的方式。这六项自由，受中国法律保护。当然被依法剥夺政治权利的人不能行使这些自由。

184. 民主是什么？

希腊历史学家希罗多德在《历史》一书中首次使用“民主”这一概念，用来指希腊城邦国家雅典的政治制度和政治实践。由此看来，“民主”从一开始就是一个政治概念。作为一种政治制度，雅典的民主是一种公民自治的体制。

现代民主体制下，人民拥有超越立法者和政府的最高主权。尽管世界各民主政体间存在细微差异，但民主政府有着区别于其他政府形式的特定原则和运作方式。

民主是以多数决定、同时尊重个人与少数人的权利为原则。所有民主国家都在尊重多数人意愿的同时，极力保护个人与少数群体的基本权利。民主国家注意不使中央政府具有至高无上的权力，将政府权力分散到地区和地方，地方政府必须最大限度地对人民提供服务并对他们的要求做出反应。民主社会奉行容忍、合作和妥协的价值观念。

《宪法》规定：“中华人民共和国的国家机构实行民主集中制原则。”民主集中制是在民主基础上的集中和集中指导下的民主相结合的制度。

185. 平等是什么？

平等是人和人之间的一种关系。人和人之间的平等，主要是在精神上互相理解，互相尊重，不区别对待的平等。

人权平等主要包括生命健康权、人格权和劳动权。生命对人只有一次，人人都有生存健康不受剥夺和侵犯的权利。《宪法》第三十八条规定：“中华人民共和国公民的人格尊严不受侵犯。禁止用任何方法对公民进行侮辱、诽谤和诬告陷害。”劳动权具体表现为就业机会均等。

法律平等原则主要指适用法律平等。它是社会主义法治社会比较理想的生存状态，也是区别人治社会与法治社会的标志之一。适用法律平等，是人们生存权中合情合理的基本请求。

平等权是指公民依法享有权利和履行义务，不受任何差别对待，要求国家同等保护的权利。公民的平等权有以下含义：所有公民平等地享有宪法和法律规定的权利；所有公民都平等地履行宪法和法律规定的义务；国家机关在适用法律时，对于所有公民的保护或者惩罚都是平等的，不得因人而异；任何组织或者个人都不得有超越宪法和法律的特权。

186. 民族主义是什么?

民族主义指以自我民族的利益为基础而进行的思想或运动。

从当前国际关系和民族关系现实来看，对民族主义有褒义和贬义两种解释。褒义的说法等同于爱国主义，这是对于觉醒中的民族而言，他们反对西方的殖民和奴役。贬义的说法是指一味地排斥其他民族，搞民族优越论，将其它民族降为下等或劣等民族，本质上有点类似民族沙文主义。这是绝对不可取的。

民族主义与国家主义不同，国家主义以国家至上，民族主义以民族至上。

民族主义也不同于种族主义。虽然民族也以血缘的形态呈现，但是，种族主义不仅是一种极端偏激的思想，还是掌权者对外族隔离压迫的工具。种族主义认为种族差异决定人类社会历史和文化发展，认为自己所属的团体，例如人种、民族或国家，优越于其他的团体。

187. 民粹主义是什么?

民粹主义又称平民主义，是一种政治哲学或是政治语言，是作为精英主义的对立面而出现的。民粹主义在政治上怀疑精英治理，主张公众参与政治，认为平民被社会中的精英压制，而国家这个工具需要从这些自私自利的精英团体复原健康，用来改善全民的福祉和进步。

最早的民粹主义是 19 世纪在俄国兴起的一股社会思潮。民粹主义的基本理论包括：极端强调平民群众的价值和理想，把平民化和大众化作为所有政治运动和政治制度合法性的最终来源；依靠平民大众对社会进行激进改革，并把普通群众当作政治改革的唯一决定力量；通过强调诸如平民的统一、全民公决、人民的创制权等民粹主义价值，对平民大众从整体上实施有效的控制和操纵。民粹主义的根本特点之一是反体制——无论这个体制是什么层级的、什么性质的；民粹主义的根本表现之一是政治世界里中的民族主义以及极端爱国主义。民粹主义不着重于通过改革再分配政策，而是强调利用底层民众反抗各种压迫的愿望及其产生的极度怨恨，刺激其平等情怀，打出在崇尚人民口号下的极端主义旗帜，从而催生出了反体制、极端民族主义和盲目排外的现象。民粹主义表面上以人民为核心，但实际上是最缺乏公民个人尊严与基本权利的观念。民粹主义者崇拜的是“人民”，但他们崇拜的是作为一个抽象整体的“人民”，而对组成“人民”的一个个具体的“人”却持一种极为蔑视的态度。民粹主义者反对权威，但他们又容不得“旁观者”。俄国民粹派当年有句名言：“谁不和我们在一起，谁就是反对我们；谁反对我们，谁就是我们的敌人；而对敌人就应该应用一切手段加以消灭。”

188. 市民社会是什么?

市民社会或公民社会是一种介于“国家”和“个人”之间的广阔领域。它由相对独立而存在的各种组织和团体构成，是国家权力体制外自发形成的一种自治社会。

中国古代和欧洲中世纪，都不存在建立在商品经济基础上的市民社会。中世纪末期，出现了从事商品经济的市民阶层，即第三等级。从19世纪开始，“市民社会”被用来专指市民阶层之间的关系，被认为是一个“脱国家脱政治的领域”。市民是平等自由的、具有独立人格的财产所有者。

公民社会的基本社会价值有人本主义、多元主义。公民社会强调个人生活方式的多元化、思想文化的多元化、社会组织的多元化，提倡宽容、妥协、互惠与合作精神。公共领域的重要特点是公开性、开放性、参与性。这是公众参与公共活动的重要前提。公民社会论者强调要从法律上确保公民社会与国家的分离，使公民社会成为一个真正自主的领域。

189. 君主制与共和制是什么?

君主制是国家元首为世袭君主的政体。共和制是国家最高权掌握在由选举产生，并有一定任期的国家机关或公职人员手中的政权组织形式。国家的权力机关和国家元首由选举产生并有一定任期的政权组织形式。共和政体区别于君主政体，而且是作为君主政体的相对面而存在的。

传统上一般将国家政体分为君主制和共和制。但是在现代的政体中，一些国家的君主制政体已经变成了议会君主制，君主只有虚位；而在另一些国家，虽然是共和政体，但是权力却集中在一人手里。这使得君主制和共和制的唯一区别就是是否存在君主，因而君主制和共和制的划分方法受到了越来越多的批评。因此现代西方学界通常先假设一个连续体，一端是纯粹的民主政体，例如古希腊的城邦，靠近这一端的是大多数的发达国家；另一端是极权政体（又称全能政体），例如纳粹德国，靠近这一端的是社会主义国家，其他国家的现实政体则处在这一连续体中间的某个位置上。

190. 政府是什么？

政府是国家公共行政权力的象征、承载体和实际行为体，是国家立法机关、行政机关和司法机关等公共机关的总和。

西方国家在组织政府时，一般规定了一些必须遵守的原则，包括相容或不相容原则；禁止兼职和从事事业性活动的原则；公布财产原则；文官原则；宗教原则等。

西方国家政府的组织形式主要有内阁制政府、总统制政府、委员会制政府、半总统制政府、独裁制政府。内阁制政府是一种以内阁为核心领导和组织国家政务管理的政府组织形式。总统制政府是一种以总统为核心领导和组织国家政务管理的政府组织形式。委员会制政府是一种以一定人数组成的委员会共同行使国家元首权力和最高行使权力的政府组织形式。

我国政府机构体系包括：全国人民代表大会、中华人民共和国主席、中华人民共和国国务院、中华人民共和国中央军事委员会、地方各级人民代表大会和地方各级人民政府、民族自治地方的自治机关、人民法院和人民检察院。

191. 无政府主义是什么？

无政府主义的基本立场是反对包括政府在内的一切统治和权威，提倡个体之间的自助关系，关注个体的自由和平等；其政治诉求是消除政府以及社会上或经济上的任何独裁统治关系。

由于许多引人注目的暴力行动包括骚乱、暗杀、暴动，甚至包括一些恐怖主义行动，无政府主义者时常被描绘为是危险且暴力的。实际上，对大多数无政府主义者而言，“无政府”一词并不代表混乱、虚无或道德沦丧的状态，而是一种由自由的个体自愿结合，以建立互助、自治、反独裁主义的和谐社会。

当然，有少数无政府主义者认为暴力是必要的，有时是革命的理想手段，但他们指责单独的个人恐怖主义行为。其他一些无政府主义者则被看作是和平无政府主义者，主张彻底的非暴力。列夫·托尔斯泰的理念通常被视为基督教无政府主义，他是著名的非暴力抵抗的拥护者。美国的个人无政府主义者也强烈谴责恐怖主义行动。

192. 政党是什么？

政党是以执政为目标的政治组织。政党通常有特定的政治目标和意识形态，针对国家和社会议题有各自的主张，订立政纲展示愿景。

政党是统治阶层政治组织，政党组织形式由统治阶层决定。在一个政党内部生成统治阶层和统治阶层内部生成多个政党为当今国际社会政治生态。

我国的政党有中国共产党和被统称为民主党派的八个参政党派。我国实行一党执政，多党协商的体制。民主党派在政治上拥护共产党的领导，这是它们在与共产党长期合作、共同奋斗过程中做出的历史选择。各民主党派享有宪法规定范围内的政治自由、组织独立和法律地位平等。中国共产党与各民主党派合作的基本方针是“长期共存、互相监督、肝胆相照、荣辱与共”。

193. NGO 是什么？

NGO 是非政府组织的英文缩写。20 世纪 80 年代以来，人们在各种场合越来越多地提及非政府组织（NGO）与非营利组织（NPO），把非政府组织与非营利组织看作在公共管理领域作用日益重要的新兴组织形式。

NGO 不由国家建立，不靠政府，不靠权力驱动；也不是经济体，尤其不靠经济利益驱动。她的原动力是志愿精神，是公民社会兴起的一个重要标志。在我国，NGO 和 NPO 的所有机构的官方提法都是非营利组织。民政局可以注册的非营利机构包括以下三种：基金会、民办非企业单位和社会团体。

NGO 具有非政府性、组织性、公益性、自治性、非政治性、非宗教性的特征。世界银行把它分为两大类：一是运作型非政府组织，它们主要的目的是设计和实现与发展相关的项目。二是倡导型非政府组织，它们的主要目的是捍卫和促进某一目标。这些组织尝试通过游说、宣传品和积极进取的活动唤醒人们的意识，让人们了解更多进而接受他们。

194. 全球治理是什么？

根据联合国全球治理委员会的定义，治理是各种公共的或私人的个人和机构管理其共同事务的诸多方式的总和。全球治理的基本特征：其一，在全球范围内虽然缺乏某种中央权威，但仍存在能够实施某些决定的机制。其二，全球治理存在一个由不同层次的行为体和运动构成的复杂结构，强调行为者的多元化和多样性。其三，全球治理的方式是参与、谈判和协调，强调程序的基本原则与实质的基本原则同等重要。其四，全球治理与全球秩序之间存在着紧密联系，全球秩序包含那些世界政治不同发展阶段中的常规化安排，一些安排是基础性的，而另一些则是程序化的。可以认为，全球治理就是全球秩序加上意向性。

长期以来，发达国家借助七国集团和布雷顿森林体系等为全球治理定调，发展中国家在国际事务中的话语权薄弱。不过，随着中国等发展中国家国际影响力的增强，今天，新兴经济体在全球治理体系中地位正在上升。

195. 法西斯主义是什么?

作为一种政治哲学，法西斯主义强调国家至高无上的权力和国家荣誉不可侵犯，是由民族主义、种族歧视、极权主义、国家价值主义的中心意义合体而成。他们歌颂军事美德而诋毁自由及民主，歧视不同于自己的人；强调个人的意志服从国家，严厉镇压异己分子，如纳粹德国臭名昭著的盖世太保。但这种主义一般是不完整且不民主的。

法西斯主义是西方国家在陷入经济大危机的困境后的产物。第一次世界大战后在意大利和德国分别出现墨索里尼的国家法西斯党和希特勒的纳粹党，先后于1922年、1933年建立法西斯专政。日本也于20世纪30年代法西斯化。法西斯主义的泛滥给世界各国人民带来痛苦和灾难，导致第二次世界大战的爆发，最终通过反法西斯战争被世界人民埋葬。

196. 全球化是什么?

全球化是20世纪80年代以来在世界范围日益凸现的新现象，是当今时代的基本特征，是一个以经济全球化为核心、包含各国各民族各地区多层次、多领域的相互联系、影响、制约的多元概念。“全球化”可概括为科技、经济、政治、法治、管理、组织、文化、思想观念、人际交往、国际关系十个方面的全球化。

全球化的影响是多方面的，包括全球范围内的通用标准数目的增长，由跨国公司控制世界经济股份的增长，各种文化的融合与创新；共享的信息资源不断增长等。当然移民也在增长，包括非法移民。恐怖主义也在全球化，参与恐怖袭击的恐怖组织分子很多时候不在本国行动，而且与本国无关。

大多情况下，全球化受到政府和其他人积极地推动。然而也有很多反全球化运动人士认为这些是有害的，反全球化运动也从没有停止过。

197. 现代化是什么？

现代化可以理解为技术的发展、农业的发展、工业化、都市化四个过程。从历史上来讲，它主要指近代以来，世界各国以西欧及北美等地区和国家形成的价值为目标，寻求新的出路的过程。一般而言，现代化包括了学术知识上的科学化，政治上的民主化，经济上的工业化，社会生活上的城市化，思想领域的自由化和民主化，文化上的人性化等。现代化是人类文明的一种深刻变化，是文明要素的创新、选择、传播和退出交替进行的过程，是追赶、达到和保持世界先进水平的国际竞争。其核心是人性的解放和生产力的解放，因从欧美等西方社会开始，有时也被称为“西方化”，但不专属于西方社会。

2003 年 2 月，中国科学院发布的《中国现代化报告 2003》中，专家们首次勾勒出了世界各国的现代化进程表，在以知识社会为主要特点的第二次现代化进程中，排前十名的国家分别是：瑞典、美国、日本、芬兰、丹麦、挪威、澳大利亚、瑞士、德国和荷兰。

198. 后现代化是什么？

后现代主义起源于西方发达国家。比较一致的看法是，后现代社会是高度现代化的社会，它们往往被称作“后工业化社会”。美国学者把 1970 年以来先进工业国家发生的变化称为后现代化，认为后现代化的核心社会目标，不是加快经济增长，而是增加人类幸福，提高生活质量。

后现代化理论认为工业社会不可能是人类社会发展的终点，也不是现代化的最终目标。这一理论从经济社会和文化两个方面描述了后现代化的图景。在经济社会方面，后现代化社会的经济将从产品生产型经济转变为服务型经济；专业和技术人员阶级处于主导地位；理论知识处于中心地位，是社会革新与制定政策的源泉。

文化方面，后现代文化最突出的特征莫过于对绝对理性和权威的颠覆。后现代文化更多地体现了柔性的特点，如边缘文化、个人选择、重视个性、多元文化、复杂性等。

第十篇　社会学是什么

199. 社会学是什么?

社会学起源于 19 世纪末期，是一门利用经验考察与批判分析来研究人类社会结构与活动的学科。社会学的研究对象范围广泛，小到几个人面对面的日常互动，大到全球化的社会趋势及潮流。家庭、各式各样的组织、企业工厂等经济体、城市、市场、政党、国家、文化、媒体等都是社会学研究的对象，这些研究对象的共通点是一些具有社会性的社会事实。

社会学研究的重心很大一部分放在现代社会中的各种生活实态，或在当代社会的形成演进过程上。不过，20 世纪中晚期以来，社会学日益学院化，对公众面临的问题缺乏强有力的回应。跟实验性的自然科学不同，社会理论家很少使用自然科学方法及其他事证方式来证明论点。很多时候，社会理论被认定为不可证明的。实际上，社会实践是检验社会学说的唯一标准。社会学说在社会实践中产生，在社会实践中检验，在社会实践中发展。

200. 社会学的基本问题是什么?

个人与社会的关系问题是社会学的基本问题。社会学的任务是要阐明个人与社会的关系，即阐明个人怎样互相交往而形成群体，群体又怎样制约个人。

在个人与社会关系问题上，争论的焦点是社会本位主义，还是个人本位主义，因为这个分歧把社会学家观察社会的视角分成宏观和微观两种。从中国传统文化上看，社会本位主义一直占主导地位。所谓个人本位，是当个人利益与团体利益相互冲突时，要求法律制度的设计应当优先考虑个人的利益。在伦理学领域，个人被看作是道德活动的主体，社会是人们交互作用的产物。如何处理个人与社会之间的关系，是区分各种不同的道德体系的重要标准。

个人与社会是相互依存、相互制约、相互促进的关系。一方面，个人对社会具有依赖性；另一方面，个人对社会具有能动性。个人能够积极主动地认识和改造社会，从而推动进步。

201. 社会角色是什么?

社会角色，是个体在社会群体中被赋予的身份及该身份应发挥的功能。社会角色的要素包括：

（1）角色权利。角色权利是角色扮演者所享有的权利和利益。角色权利是指角色扮演者履行角色义务时所具有的支配他人或使用所需的物质条件的权利。角色权益是指角色扮演者在履行角色义务后应当得到的物质和精神报酬。

（2）角色义务。角色义务是角色扮演者应尽的社会责任。角色义务包括角色扮演者“必须做什么”和“不能做什么”两个方面。

（3）角色规范。角色规范是指角色扮演者在享受权利和履行义务过程中必须遵循的行为规范或准则。角色规范包括不同的形式，从范围上可以分为一般规范和特殊规范，从表现形式上可分为法律法规、制度纪律等成文规范和风俗习惯等不成文规范。

202. 社会问题是什么?

社会问题是指影响社会成员的共同生活，破坏社会正常活动，妨碍社会协调发展的社会现象。它不仅是一种客观存在的状况，还是人们主观构造的产物；是被人们感知、察觉到的状况；是由于价值、规范和利益冲突引起的，需要加以解决的状况；是社会实际状态与社会期望之间的差距。

社会问题的特征主要表现为普遍性、变异性、复合性和周期性四个方面。普遍性，指社会问题自始至终存在于每个民族、国家和社会的现实生活中；变异性，指社会问题在不同时间、不同地区、不同民族或社会，表现各不相同，各具特性；复合性，指社会问题在产生原因、存在方式或表现形式以及后果等方面的复杂的性质，即社会问题是由多种因素复合而成的，常常是几种社会问题同时并存，并引起一系列破坏性的社会后果；周期性，是指社会问题在其发生、发展过程中表现出的时间规律性。社会学家特别强调周期性中潜伏性和反复性的特征。

203. 社会结构是什么？

社会结构是指一个国家或地区占有一定资源、机会的社会成员的组成方式及其关系格局。社会结构最重要的组成部分是地位、角色、群体和制度。社会结构的内容实际上是社会的主体人及其生存活动，社会活动和社会关系的存在方式。一般表现为人口结构、人群组合结构、人的活动位置结构（在社会中所从属的集团阶层）、人的生存地域空间结构、生活方式结构，以及社会各领域的构成及相互关系等。

在社会各种基本活动领域中，社会经济结构对于社会政治结构、文化结构等具有决定性的影响和制约作用。上层建筑领域的各部分，具有相对独立性和稳定性，并对社会经济具有能动的反作用，直接或间接地影响社会经济结构。

社会结构具有复杂性、整体性、层次性、相对稳定性等重要特点。一个理想的现代社会结构，应具有公正性、合理性、开放性等重要特征。

204. 社会群体是什么？

社会群体泛指通过一定的社会关系结合起来进行共同活动的集体。例如，以血缘关系结合起来的集体是氏族、家庭一类的群体；以地缘关系结合起来的集体是邻里一类的群体；以业缘关系结合起来的则是各种职业群体。

社会群体的基本特征：一是有持续的社会互动。群体成员间保持着经常性的互动关系。二是有明确的成员关系。特定社会群体中的人称自己为该群体成员，并期望本群体成员做出某种有别于群体外成员的行为。三是有一定的行为规范。用来协调成员的行为，以保证群体的功能得以实现。四是有一致的群体意识。群体意识是一种群体归属感，这种意识一旦建立起来，群体成员就与群体外的人有了明显的区别，对群体有了相应的期望和归属意识。在群体意识和群体规范的作用下，社会群体随时可以产生一致的行动。

205. 社会转型是什么？

社会转型是一个战略问题，是从原有的社会发展轨道进到新的发展轨道。

社会转型意味着社会系统内在结构的变迁，意味着人们的生活方式、生产方式、心理结构、价值观念等各方面全面而深刻的革命性变革。我国的社会转型大致可以划分为转型初期、中期及后期三个阶段，将由计划经济向市场经济转变；从农村社会向城市社会转变；从工业社会向信息社会转变；贫困社会向富裕社会转变。

我国目前处于社会转型的中期阶段，这一时期市场经济体制基本确立，国家正处于市场规范和调整阶段。城市步入快速发展时期，城市化水平显著提高。我国正从农村社会向工业社会转变，产业结构正处于调整与升级阶段。人民生活水平有了大幅度提高，正在向全面小康社会迈进。磨合与调整是社会转型中期的关键词。

206. 社会互动是什么?

社会互动也称社会相互作用或社会交往，它是人们对他人采取社会行动和对方做出反应性社会行动的过程，是人类存在的重要方式。

社会互动必须发生在两个人或两个以上之间，个人之间、群体之间只有发生了相互依赖性的行为时才存在互动。社会互动以信息传播为基础，是在特定的情境下进行的。社会互动可以是面对面的，也可以在非面对面的场合下发生。社会互动还会对互动双方及他们之间的关系产生一定的影响，并有可能对社会环境形成一定的作用。人们的互动往往遵循一定的行为模式，具有一定的互动结构。

社会变迁，尤其是根本性的社会转型，与社会互动之间存在着密切的关系。社会转型必须通过长期、广泛的社会互动来实现，转型期不免引起不同利益群体之间的竞争、冲突和妥协，引起新旧文化之间的冲突和融合。只有通过长期有效的社会互动，才有可能理顺各种关系，实现新旧交替。

207. 社会控制是什么?

社会控制指社会组织利用社会规范对其成员的社会行为实施约束的过程。广义的社会控制，泛指对一切社会行为的控制；狭义的社会控制，特指对偏离行为或越轨行为的控制。它可以协调社会运行的各个系统之间的关系，尽量使各社会运行系统同步运行，促进社会的良性运行和协调发展。

社会控制具有明显的集中性和超个人性。社会控制的集中性，是指社会控制总是集中地反映了特定社会组织的利益和意志，不管它具有什么具体内容和采取什么具体手段，都服务于社会组织的总体利益和最高意志。超个人性，是指社会控制总是以某种社会名义，代表某个社会组织施行控制。

社会控制的主要方式包括通过道德宗教、法律纪律、舆论意识等进行控制。社会舆论是一种公意，是大多数人的意见，因此，它对人们的言行具有一定的指导、约束及社会控制作用。

208. 社会变迁是什么?

社会变迁是一切社会现象发生变化的动态过程及其结果，是社会的发展、进步、停滞、倒退等一切现象和过程的总和。既包含社会的进步和退步，又包括社会的整合和解体。在社会学中，“社会变迁”这一概念比社会发展、社会进化具有更广泛的含义，它包括一切方面和各种意义上的变化。

社会变迁的内容涉及社会生产、生活的所有领域。任何特定的社会体系一经确立，就会形成比较稳定的结构关系。但是，社会体系是一个开放的系统，它的存在和发展有赖于和外界不断进行的物质、能量和信息的交换，需要不断吸收新的因素，有可能出现各要素发展的不平衡。社会体系为了适应新的需要和不平衡，要不断调整原有的结构关系。这种适应和调整先是局部的、缓慢的，积累到一定程度就有可能导致原有体系结构的整体改组，直至采取社会革命的形式调整原有结构关系。

社会变迁除了最终取决于社会生产力的发展之外，还取决于自然环境、人口、社会制度、观念、社会心理、文化传播等多方面因素的影响，它是多种因素相互作用的结果。

209. 社会地位是什么?

社会地位简称“地位”，是社会成员在社会系统中所处的位置。它常用来表示社会威望和荣誉的高低程度，也泛指财产、权力和权威的拥有情况。社会地位大体上可以归纳为先赋地位与自获地位两类。前者指先天固定的地位，如世袭贵族与世袭奴隶、父与子等。后者指靠后天努力获取的地位，如教授、工程师、厂长等。

每一个人都在一定社会中结成多种社会关系，都可能获得多种社会地位。这些社会地位之间互相交错，在很大程度上是一致的。首要地位是指一个人在诸种地位不一致的情况下，有一种最突出的地位支配着其他地位，从而决定了他总的地位水平。在现代社会中，职业活动往往是人们最重要的活动，人们为之付出了主要精力，因而它通常是首要地位。首要地位随社会条件与主观条件的变化而变化。人们可以通过自己的努力改变不利的首要地位，获得自己所期望的首要地位。

210. 社会分层是什么?

社会学家发现社会存在着不平等，人与人之间、集团与集团之间，也像地层构造那样分成高低有序的若干等级层次，因而借用地质学上的概念来分析社会结构，形成了“社会分层”这一社会学范畴。

社会分层是指社会成员、社会群体因社会资源占有不同而产生的层化或差异现象，尤其指建立在法律、法规基础上的制度化的社会差异体系。

马克思主义的阶级分层理论在西方的影响非常广泛，除了马克思的阶级学说之外，韦伯的社会分层理论也普遍受到西方学者的重视。韦伯提出划分社会层次结构的三重标准，即财富——经济标准，威望——社会标准，权力——政治标准。韦伯把收入作为划分社会阶级、阶层结构的经济标准。社会标准指个人在他所处的社会环境中所获得的声誉与尊敬。政治标准指权力。韦伯认为，权力不仅取决于个人或群体对于生产资料的所有关系，也取决于个人或群体在阶层制度中的地位。

211. 社会流动是什么?

社会成员或社会群体在社会结构空间中从一个地位向另一个地位的移动称为社会流动。它是社会结构自我调节的机制之一。

社会流动更加关注的是人们在获取财富、权力和声望等资源方面能力的变化。判断某种变动是否属于社会流动，关键是看当事人在社会结构中获取或占有他所期望的资源的机会是否发生了变化。

一个人的社会地位有多重的，其社会流动就有多重的。在社会流动中人们一般更加关注由人们的职业、职位的变化，因为职业是人们主要的社会地位的代表，它对获取经济、权力和声望资源具有更重要的意义。

社会流动有利于社会保持一种开放式社会分层结构，不断调整个人与社会分层结构之间的关系，增加社会成员改变自身社会地位的机会。

212. 社会网络是什么?

社会网络是指社会个体成员之间因为互动而形成的相对稳定的关系体系。社会网络革命带来的变化主要有广泛连接、群体性弱化和个人自主性增强。

广泛连接的原因包括交通工具便捷化推动社会网络远程化，通信技术和互联网技术快速发展推动信息获取和交流更加高效、个性化等。群体性弱化的原因：一是家庭构成、角色和责任的变化推动家庭由群体化转变为网络化；二是有组织的志愿服务机构被更为松散而开放的公民和宗教活动所代替；三是大众文化变为多渠道传播的碎片式文化。个人自主性增强的特征是传统边界如社区、宗教、国家、种族和性别的模糊，人们不断扩大出行范围，信息获取更加快捷，信息交流更加广泛直接。

网络化社会并不是完全个人化的，互动性仍然是重要的社会特征。网络化社会中的人们在开放和互动中保持一种若有若无的琐碎联系。

213. 社区是什么?

“社区”一词源于拉丁语，意思是共同的东西和亲密的伙伴关系。社区是若干社会群体或社会组织聚集在某一个领域里所形成的一个生活上相互关联的大集体，是社会有机体最基本的内容，是宏观社会的缩影。

对于构成社区的基本要素，社会学家的共识是，一个社区应该包括一定数量的人口、一定范围的地域、一定规模的设施、一定特征的文化、一定类型的组织。社区就是这样一个“聚居在一定地域范围内的人们所组成的社会生活共同体”。此外社区的特点还有，居民之间有共同的意识和利益，有着较密切的社会交往。

社区应该具备的功能主要有管理功能、服务功能、保障功能、教育功能。管理功能是指社区能够管理社区人群社会生活事务。服务功能是指社区能够为社区居民和单位提供社会化服务。保障功能是指社区能够救助和保护社区内弱势群体。教育功能是指社区能够提高社区成员的文明素质和文化修养。

214. 社区居民自治是什么?

社区居民自治的主体是社区的广大居民群众，这是宪法和居委会组织法赋予居民的政治权利。社区居民自治，就是社区居民在社区内实行民主协商、民主选举、民主决策、民主管理、民主监督，实现社区居民自我管理、自我教育、自我服务，按照社区居民“自己管理自己的事情”“大家的事情大家办”的原则，通过民主协商的方式，共同解决社区内公共事务和公益事业方面的问题。

广东省实施的《社区居民自治章程》第六章“社区居民和社区成员单位”第十二条规定：社区居民享有民主选举权、民主决策权、民主管理权、民主监督权。第十三条规定了社区居民和社区成员单位的义务，包括依法履行法律规定的各项义务，自觉遵守社区自治章程；积极参加社区组织的各项政治文化、体育活动；自觉参与社区服务的志愿者组织，服从社区组织的工作安排和完成好分配的工作任务；弘扬正义和正气，敢于同不良行为和违法犯罪活动做斗争等。

215. 社区居委会是什么?

社区居委会全称是社区居民委员会，是指在城镇社区里的基层自治组织。居民委员会的成员由居民选举产生，其职责是维护居民的合法权益，管理居民的公共事务和公益事业，调节居民纠纷，协助维护社会治安，反映居民的意见、要求和建议，促进社区居民自治。

广东省实施的《社区居民自治章程》第三章“社区居民委员会”第九条规定，社区居民委员会要建立会议制度、居务公开制度、服务承诺制度、考核罢免制度。

《社区居民自治章程》规定要建立定期会议制度，社区事务等要向社区居民公开，并设置公示栏。社区居委会为社区居民提供各类服务项目，应明确服务标准，自觉接受监督。社区居委会成员每年接受考核评议。满意率低于60%或有三分之二社区居民代表投不满意票的社区居委会人员，将由社区居民代表会议按照法规程序进行罢免。

216. 社区工作站是什么?

社区工作站是街道办事处派驻到社区的工作机构，承担政府及街道办事处在社区的各项工作和公共服务。其主要职责有：

行政性服务，主要是协助政府及有关职能部门开展好日常工作，包括办理失业卡、待业卡；失业人员就业安置；社区内失业人员及离退休人员管理与服务等。

福利性服务，协助政府及有关职能部门做好居民最低生活保障、社会救济金申办、失业人员失业金救济金申办；民政对象、退休人员房租减免申办；特困对象家庭子女就读学杂费减免申办；社会救济对象的送养申办等工作。

社会化服务，主要是老年休养院、老年活动室、托幼服务、社区卫生服务、社区物业服务等，同时开展其他便民利民的服务工作。

217. 社区服务中心是什么?

社区服务中心是社会工作者驻扎在社区提供服务所在场所的统称，也叫家庭综合服务中心或社会工作服务社。社区服务中心的工作人员基本由社区居民选举产生，部分社区工作人员由政府发放生活补贴。它不属于事业单位，是政府出资购买的公共服务，有一些社区服务中心带有轻微营利性质。

一般来说，社区服务中心包括社会保障类的救助站；社会保障服务所（站）；医疗保健类的社区卫生服务中心（站）；社区党建类的党员服务中心、爱国主义教育基地；劳动就业类的职业介绍所（站）、就业指导站、劳动保障事务所（中心）；社会福利类的福利院日托所、居家养老服务中心（社）；社区文体类的文化活动中心、居委（老年）活动室；司法援助类的法律咨询服务站、法律事务所、信访接待处。此外还有社会治安类的警署（派出所）、社会综治办；教育科普类的社区学校、老年大学、图书馆、阅览室等。

218. 社区社会组织是什么?

社区社会组织是指在社区内，民间自发组织，由社区组织或个人在社区内单独或联合举办、开展活动、满足社区居民不同需求的社会组织。如社区内的家长自发组建的家长互助组织，社区居民自发组建的志愿服务队等都属于社区社会组织。

国务院办公厅印发的《社区服务体系建设规划（2011—2015 年）》明确了大力推行社区志愿者注册登记制度。要求健全志愿者组织，根据社区居民构成，培育不同类型、不同层次的社区志愿服务组织。壮大社区志愿服务队伍，发挥共产党员的先锋模范作用，组织带动社区各类人群特别是离退休人员加入志愿服务行列，积极推行志愿者注册登记制度。加强志愿服务管理，建立健全激励保障机制，推动社区志愿服务规范化、制度化、法制化。加大政策扶持力度，通过政府购买服务、设立项目资金、活动经费补贴等途径，调动各类社会组织社区服务积极性。

219. 业主委员会是什么?

业主委员会，是指由物业管理区域内业主代表组成，代表业主的利益，向社会各方反映业主意愿和要求，并监督物业管理公司管理运作的民间性组织。2007年我国《物权法》出台，从人大立法高度确立了业主组织即业主大会和业主委员会的法律地位。

一般情况下，业主委员会（以下简称业委会）由业主或业主大会会议选举产生，依照《物权法》《物业管理条例》，以及各地的相关办法依照程序产生。对于较大小区，业主先按照楼选举各自楼委会，然后每个楼委会推选代表，集中而成业委会。这样方式形成的业委会，主要负责楼间共有的管理，而楼委会则负责楼内共有的管理。

业主委员会委员必须符合下列条件：本物业管理区域内业主；能够遵守物业管理法规、规章、规范性文件和业主公约、业主委员会章程；有一定组织能力和必要工作时间，能够较好履行业主委员会成员职责；品行端正无劣迹；热心公益事业。

220. 社区居民议事会是什么?

社区民主议事会议是社区议事、协商和协调的机构，是社区居委会扩大民主参与，及时了解和掌握居民的需求和呼声，共同商讨解决涉及社区居民利益的事项，实现社区民主管理的重要会议制度。

社区民主议事会成员由社区党组织和社区居委会成员，部分居民代表，社区内各级党代表、人大代表和政协委员代表，社区社会组织、驻社区单位代表，业主委员会、物业服务企业负责人组成。在广泛征求社区居民意见的基础上，由社区居民代表会议推选产生。

一般认为，社区民主议事会议的议事范围应包括：通报街道、社区正在开展的有关工作情况；收集社情民意和居民的需求；研究讨论社区建设的有关工作目标及计划方案；商讨社区建设中的薄弱环节、存在问题及解决办法等。

221. 家庭暴力是什么?

家庭暴力简称家暴，指以殴打、捆绑、禁闭、残害或者其他手段对家庭成员从身体、精神、性等方面进行伤害和摧残的行为。家庭暴力发生于有血缘、婚姻、收养关系且生活在一起的家庭成员间，如丈夫对妻子、父母对子女、成年子女对父母等。妇女和儿童是家庭暴力的主要受害者，有些中老年人、男性和残疾人也会成为家庭暴力的受害者。家庭暴力会造成死亡、重伤、轻伤、身体疼痛或精神痛苦。

2016 年 3 月 1 日起施行的《中华人民共和国反家庭暴力法》（以下简称《反家暴法》）是我国第一部反家暴法，法律设立了人身安全保护令制度，规定当事人因遭受家庭暴力或者面临家庭暴力的现实危险，向人民法院申请人身安全保护令的，人民法院应当受理。

《反家暴法》附则中还规定："家庭成员以外共同生活的人之间实施的暴力行为，参照本法规定执行。"这意味着有同居关系的人之间发生的暴力也被纳入家庭暴力，受法律约束。

222. 弱势群体是什么?

弱势群体，也叫社会脆弱群体、社会弱者群体，是一个用来分析社会经济利益和社会权力分配不公平、不合理的概念，是指依靠自身的能力或力量无法保证个人及其家庭成员最基本的生活水准，需要国家和社会给予支持和帮助的社会群体。

2002 年 3 月，朱镕基总理在第九届全国人大五次会议上所做的《政府工作报告》中，第一次使用了"弱势群体"这个词，强调积极扩大就业和再就业是增加居民收入的重要途径，对弱势群体要给予特殊的就业援助。这使弱势群体成为一个非常流行的概念，并引起了国内外的广泛关注。弱势群体的具体构成大体上包括儿童、老年人、残疾人、精神病患者、失业者、贫困者、下岗职工、灾难中的求助者、农民工、非正规就业者以及在劳动关系中处于弱势地位的人。

完善保护弱势群体的法律体系，对我国改善人权状况，建立法治国家有基础性作用。

223. 性别歧视是什么？

性别歧视指在性别上存在的偏见，即一种性别成员对另一种性别成员的不平等对待。在很多国家中，某些特定的性别歧视是违法的，不过几乎所有国家都有立法保障某几种性别群体的权利。

性别歧视一般是指以下的信念或态度：相信某一种性别比其他性别更优越；相信一个人必定属于男性或女性；憎恨男性（男性贬抑）或憎恨女性（女性贬抑）；对女性的歧视习惯把女性的错误全都归结于女人幼稚，对男性的歧视习惯把男性的错误全都归结于男人无能。

就业性别歧视是基于性别而产生的任何区别对待、排斥或惠待某一性别的做法，“其后果是取消或损害就业方面的机会平等或待遇平等”。我国的《就业促进法》第三条规定：“劳动者依法享有平等就业和自主择业的权利。劳动者就业，不因民族、种族、性别、宗教信仰等不同而受歧视。”

224. 社会工作是什么？

社会工作的国际定义为：社会工作职业促进社会变迁与人类关系的融洽，加强和解放人类对福祉的追寻。社会工作是基于人权与社会公正的基本原则而开展的。

社会工作起源于贫民救济或慈善事业。原先多半由教会或私人举办的、无组织的个人施舍或慈善，成了此后有组织的社会救济和社会服务乃至全国性社会保障制度的基础。

社会工作以帮助他人为目的，是以科学知识为基础的活动。社会工作的涉及面很广，从基础的个人社会心理发展过程到社会政策及其制定与发展都可以找到社会工作的影子。它包括咨询、临床社会工作（义诊所）、集体工作、社会教育学工作、家庭对待与治疗及帮助人们获得社区服务与资源的各种努力。在我国，社会工作不仅包括社会福利、社会保险和社会服务，还包括移风易俗等社会改造方面的工作。

225. 小组工作是什么?

小组工作是社会工作的基本方法之一，指社会工作者组织有共同需求的社区成员为一个小组，通过小组成员之间的互动和互助，共同达到某种目标。

小组工作有八个方面的功能和目标：①康复。针对有问题的组员，帮助其在情绪、行为、态度和价值观等方面恢复到原来状态的过程。②能力建立。组员在小组中透过教育和技能培训提升意识和自信心。③矫正。协助违反社会秩序、道德规范或侵犯他人利益的“问题”组员，在小组工作中改变的过程。④社会化。协助组员学习社会规范和人际关系技巧的过程。⑤预防。预防是对可能发生的困难做预测，并提供人们所需要的环境支持。⑥社会运动。通过鼓励组员参加社会运动，使个人学会领到、服从、参与、决策等方法，并承担社会责任。⑦解决问题。协助组员做出决定并解决问题。⑧社会价值。鼓励组员实现其社会价值。

226. 个案工作是什么?

个案工作是专业社会工作者遵循基本的价值理念，运用科学的专业知识和技巧、以个性化的方式为处境困难的个人或家庭提供物质和心理方面的支持和服务，以帮助个人或家庭减少压力、解决问题、挖掘生命潜能，不断提高个人和社会的福利水平。通俗来讲，是指社会工作者为自身无法解决难题的单个服务对象提供一对一的专业服务。服务过程中，了解案主的需求，帮助案主链接资源和提供相应指导以提升案主解决问题的能力。

个案工作的领域包括学校个案工作、医疗个案工作、矫治个案工作、家庭个案工作等。矫治个案工作是指在司法机构中开展的为犯罪青少年、服刑人员、刑满释放人员、吸毒者及卖淫者等提供的个案工作。家庭个案工作是对处于失衡状态中的家庭提供帮助，使其解除困难、恢复平衡的个案工作。个案工作在军队、农村、企业等领域也有广泛的应用。

227. 社区工作是什么?

社区工作是社会工作的一种，是社会工作的三大传统方法（个案工作、小组工作和社区工作）之一。社区工作以社区组织、社区发展、社区服务为内容，要求通过专业的技巧和方法对社区事务和人际关系进行有效有序的协调，使社区保持健康的状态和良性发展。

社区工作要求工作者有平民意识，其基本原则之一是实现居民的社区参与，增强社区成员对社区事业的关心和介入，帮助他们找到最关键的问题，培养人们的自助能力，并通过共同的工作计划或项目，推动社区发展。

社区工作者必须经过专业培训，具有高度的社会责任心和荣誉感，具有务实求真的态度，并有分析事物的扎实的知识基础和进行组织沟通的技巧。

228. 社会保障是什么？

1935 年，美国制定了历史上著名的《社会保障法》，首先使用了“社会保障”一词。后来其他国家和国际组织也相继使用了“社会保障”概念。社会保障是指国家通过立法，积极动员社会各方面资源，保证无收入、低收入以及遭受各种意外灾害的公民能够维持生存，保障劳动者在年老、失业、患病、工伤、生育时的基本生活不受影响，同时根据经济和社会发展状况，逐步提高公共福利水平和国民生活质量。

2004 年国务院发布了《中国社会保障现状与政策》白皮书，指出中国的社会保障体系包括社会保险、社会福利、优抚安置、社会救助和住房保障等。社会保险是社会保障体系的核心部分，包括养老保险、失业保险、医疗保险、工伤保险和生育保险。

近些年我国在统筹推进社会保障体系方面取得许多进展和突破，比如，养老金“并轨”、基础养老金最低标准上调、看病就医负担减轻、社会救助扩面、投入持续增加等。

229. 城乡居民养老保险是什么？

城乡居民养老保险制度是国务院在总结新型农村社会养老保险和城镇居民社会养老保险试点经验的基础上，将新农保和城居保两项制度合并实施，在全国范围内建立统一的城乡居民基本养老保险制度。

根据《国务院关于建立统一的城乡居民基本养老保险制度的意见》（以下简称《意见》），我国城乡居民养老保险参保范围为年满 16 周岁（不含在校学生），非国家机关和事业单位工作人员及不属于职工基本养老保险制度覆盖范围的城乡居民，可以在户籍地参加城乡居民养老保险。养老保险待遇领取条件为参加城乡居民养老保险的个人，年满60周岁、累计缴费满15年，且未领取国家规定的基本养老保障待遇的，可以按月领取城乡居民养老保险待遇。

按照《意见》规定，参加城乡居民养老保险的人员，在缴费期间户籍迁移、需要跨地区转移城乡居民养老保险关系的，可在迁入地申请转移养老保险关系，一次性转移个人账户全部储存额，并按迁入地规定继续参保缴费，缴费年限累计计算；已经按规定领取城乡居民养老保险待遇的，无论户籍是否迁移，其养老保险关系不转移。

230. 临时救助制度是什么？

临时救济制度是国家对遭遇突发事件、意外伤害、重大疾病或其他特殊原因导致基本生活陷入困境，其他社会救助制度暂时无法覆盖或救助之后基本生活暂时仍有严重困难的家庭或个人给予的应急性、过渡性的救助制度。

2014年10月，国务院印发《关于全面建立临时救助制度的通知》，明确要求地方各级人民政府要将建立完善临时救助制度列入重要议事日程。2015年1月广东省出台的《广东省临时救助暂行办法》，明确临时救助对象包括家庭对象与个人对象。家庭对象包括因家庭成员遭遇意外事件、突发重大疾病等原因，导致基本生活暂时出现严重困难的家庭；因生活必须支出突然增加超出家庭承受能力，导致基本生活暂时出现严重困难的最低生活保障家庭；遭遇其他特殊困难的家庭。个人对象包括因遭遇意外事件、突发重大疾病或其他特殊困难，暂时无法得到家庭支持，导致基本生活陷入困境的个人。

第十一篇　心理学是什么

231. 心理学是什么?

心理学是研究人的心理现象及行为的科学。它既是一门理论学科，也是一门应用学科，包括基础心理学与应用心理学两大领域。基础心理学着重于理论体系的建立和基本规律的探讨，其研究内容可分为四个方面：认知；情绪、情感和意志；需要和动机；能力、气质和性格。应用心理学则将心理学的理论运用于社会实践活动，服务于提高人们的生活质量和工作质量。

心理学一方面尝试用大脑运作来解释个人基本的行为与心理机能，另一方面尝试解释个人心理机能在社会的社会行为与社会动力中的角色。它同时也与神经科学、医学、生物学等科学有关，因为这些科学所探讨的生理作用会影响个人的心智。

早期的心理学研究是属于哲学的范畴，称为哲学心理学。哲学心理学的研究可以追溯到中国、埃及、希腊和印度等古代文明。我国古代哲学心理思想在《黄帝内经》等涉及医学心理的著作中有很多阐述和应用。

232. 心理学的基本问题是什么?

心理学研究的基本问题包括知（感觉、知觉），情（情绪、情感），意（意志、需要、动机）三大领域。

感觉是认知活动的起点，记忆是过去经验在人脑中的反映。思维是人脑对客观事物的本质属性及其内在规律的反映，是一种高级的认知活动。

情绪和情感是个体由于客观事物符合或不符合自己的需要、愿望与观点而产生的对所反映的客观事物的态度体验和相应的行为反应，如有些事物使人快乐、有些事物使人悲伤等。

意志是人自觉地确立目的并支配其行动，通过克服困难和挫折，以实现预定目的的心理过程。性格是表现在对事物的态度和习惯化了的行为方式上的人格特征。气质是人生来就具有的典型的、稳定的心理活动的动力特征。根据需要的起源，可以把需要分为生理性需要和社会性需要。社会性需要是指与人的社会生活相联系的一些需要，如交往、成就等。

233. 心理现象是什么?

心理现象是心理活动的表现形式，一般是指个人在社会活动中通过亲身经历和体验表现出的情感和意志等活动。心理现象非常复杂，但从形式上可以归纳为两类，即心理过程与个性心理。

心理过程指一个人心理现象的动态过程，包括认识过程、情感过程和意志过程，反映正常个体心理现象的共同性一面。

个性心理是一个人在社会生活实践中形成的相对稳定的各种心理现象的总和，包括个性倾向、个性特征和个性调控等方面，反映人的心理现象的个别性一面。个性倾向是推动人进行活动的动力系统，它反映了人对周围世界的趋向和追求，主要包括需要、动机、兴趣、理想、信念、价值观和世界观等。

234. 弗洛伊德的潜意识理论是什么?

西格蒙德·弗洛伊德被世人誉为“精神分析之父”，是20世纪最伟大的心理学家之一。潜意识理论是其精神分析理论的核心部分，是弗洛伊德学说的理论基础。

弗洛伊德认为意识是由不同意识水平的三个部分所组成，即潜意识（无意识)、前意识和意识。意识是最表层的部分，它由人能随意想到、清楚觉察到的主观经验组成，它的特点是逻辑性、时空规定性和现实性。潜意识（无意识）则包括个人的原始冲动和各种本能，以及出生后和本能有关的欲望。这些原始冲动、本能多数不容于风俗、习惯、道德、法律而被压抑到意识阈之下而成为不被意识到的潜意识。

弗洛伊德认为，人的言行举止只有少部分由意识控制，其他大部分是由潜意识所主宰而且是主动的运作，人自身很难觉察到。当一个人处于正常的状态下，潜意识的运作是不被察觉的，而当人入梦之后，潜意识活动极易被观察到。

235. 集体无意识理论是什么?

瑞士心理学家和精神分析医师卡尔·古斯塔夫·荣格是分析心理学的创立者。集体无意识理论是荣格的思想体系的基础，他认为人类的心理活动可分为三个层次，即意识、个体无意识和集体无意识。意识是指人能直接感受到的心理层面，是对个人生活经验及思想的反映；个体无意识是指曾经是意识或意识到的，而后来由于种种缘故，受到压抑而储于大脑深层的心理内容。荣格认为，集体无意识则是个体无意识的更深层次，是指人类个体从祖先那儿通过遗传而继承下来的共同的无意识心理要素。

集体无意识的表现有许多种，有对罪恶的集体失语，有对不良现象的集体麻木，有对违法事件的集体参与，比较典型的如聚众哄抢财物、球迷闹事等。

236. 条件反射是什么?

条件反射是人出生以后在生活过程中逐渐形成的后天性反射，是在非条件反射的基础上，经过一定的过程，在大脑皮层参与下完成的，是一种高级的神经活动。多次吃过梅子的人，当他看到梅子的时候，会流口水，这是在他曾经吃过梅子流口水的基础上完成的，这就属于条件反射。

条件反射包括经典条件反射和操作条件反射。经典条件反射来源于俄国生理学家巴甫洛夫关于狗的经典实验。操作条件反射，有时称为工具条件反射或工具学习，第一位研究者是美国心理学家、动物心理学的开创者桑代克。他观察猫试图逃出迷箱的行为。第一次猫花了很长时间才逃出来。有了经验以后，无效的行为逐渐减少而成功的反应逐渐增加，猫成功逃出迷箱所用的时间也越来越少。美国心理学家弗雷德里克·斯金纳在桑代克观点的基础上建立了基于强化和惩罚的更详细的操作条件反射理论。

237. 马斯洛的需求层次理论是什么?

需求层次理论是由美国著名心理学家、人本主义心理学的创始人之一马斯洛于 1954 年提出的。马斯洛认为，人类的需要是分层次的，由低到高分别是生理需要、安全需要、归属和爱的需要、尊重的需要、自我实现的需要。生理需要的级别最低，但在所有需要中占绝对优势。归属和爱的需要，也叫社交的需要，是指个人渴望得到家庭、团体、朋友、同事的关怀爱护理解，是对友情、信任、温暖、爱情的需要。尊重的需要，是对成就、名望和地位等的需要。自我实现的需要是最高等级的需要。这是一种创造的需要，满足这种需要就要求最充分地发挥自己的潜在能力，成为所期望的人物。

马斯洛认为，层次越低的需要出现得越早；层次越高的需要出现得越晚，只有当较低层次的需要满足之后较高层次的需要才会出现。

238. 感觉是什么？

感觉是人脑对直接作用于感觉器官的客观事物的个别属性的反映。

感觉分两部分：第一是欲望，它是动物的一种“需要”。欲望也可分两部分，一是心理欲，二是行为欲。一般的感觉都可以分为心理欲和行为欲。所谓“一朝遭蛇咬，十年怕井绳”就是心理欲在起作用。那些晕血、晕针行为的出现就是心理欲作用的结果。

第二是感知。感知又分两部分：一是产生感块，二是产生知觉。感块可以直接成为记块（感觉在大脑内被储存叫记块），但不能成为思块（思维过程产生的结果叫思块），比如说你在聚精会神地看书，旁边有人轻轻地唱歌，虽然你还在看你的书，没有注意他的所唱内容，但是你在大脑里产生过共鸣，也就是说该歌在你的大脑里产生过投影。知觉可直接成为记块，也可直接成为思块。知道其实就是一种思维，只不过是低级思维。

239. 知觉是什么？

知觉是人脑对当前直接作用于感觉器官的客观事物的各个部分和属性的整体反映。知觉是对感觉信息整合后的反映，是高于感觉的感性认识阶段。

感觉和知觉都是人对客观世界认识的初级阶段，都是人脑对当前直接作用于感觉器官的客观事情的主观反映，都是人脑对刺激信息的加工和处理过程。然而，二者也有多方面的不同。首先，二者反映的内容不同，感觉是对客观事物个别属性的反映，感觉信息是简单具体的，它主要由刺激物的物理特性所决定，而知觉是对客观事物整体属性的反映，由所感知到的各个属性组合而成的完整映像，且往往带有主观性。其次，二者产生的性质不同，感觉是介于生理和心理之间的活动过程，而知觉是纯粹心理活动，依赖于过去的知识和经验，受个人特点的制约。最后，二者的生理机制不同，感觉是单一分析器活动的结果，知觉是多种分析器协同活动的结果。

240. 注意是什么？

注意的定义有很多，传统的观点认为，注意是人的心理活动对一定事物的指向和集中。注意有两个基本特征，一是指向性，二是集中性。

注意，通常是指选择性注意，即注意是有选择地加工某些刺激而忽视其他刺激的倾向，它是人的感觉和知觉同时对一定对象的选择指向和集中。人在注意着什么的时候，总是在感知着、记忆着、思考着、想象着或体验着什么。要获得对事物的清晰、深刻和完整的反映，需要使心理活动有选择地指向有关对象。通常所谓“没有注意”，只不过是对当前所应当指向的事物没有注意，而注意了其他无关的事物。

241. 记忆是什么？

记忆是人脑对过去经验的保持和提取。记忆总是指向过去，是在感知发生后出现的，是人脑对过去经历过的事物的反映。记忆是一个复杂的心理过程，从“记”到“忆”，包括识记、保持、再认或回忆三个基本环节。识记是识别和记住事物，保持是巩固已获得的知识经验的过程。再认或回忆就是在不同的情况下恢复过去经验的过程。经历过的事物再度出现时，能把它认出来称再认；经历过的事物不在面前，能把它重新回想起来称回忆。识记和保持是再认和回忆的前提，再认和回忆又是识记和保持的结果，并能进一步巩固和加强识记和保持。

人类具有惊人的记忆力。在70年中（不算睡眠期所接受的信息），进入大脑并可能贮存在那里的信息可达15万亿比特记忆贮存。记忆的容量是十分巨大的，保持的时间也很长，人的有些记忆常常能保持七八十年或更长一些。

242. 想象是什么？

想象是对头脑中的已有表象进行思维加工，形成新形象的过程。想象过程中对已有表象的改组和综合，有各种不同的方式，主要表现为黏合、典型化、拟人化、夸张和强调等。

黏合就是把两种或两种以上本无关系的客观事物的属性和特征结合在一起，构成新形象的过程。

典型化就是根据一类事物的共同特征来创造新形象的过程。作家、艺术家用以概括现实生活、创造典型形象的方法，就是通过收集、分析大量的生活材料，从中提炼出最能体现某种人物或某种生活现象特点的素材进行整合、虚构，在艺术加工基础上创造出新的艺术现象来。

拟人化就是对客观事物赋予人的形象和特征，从而产生新形象的过程。夸张是故意增大或缩小客观事物的正常特征的手法。

想象除了有补充作用、预见作用、代替作用，还有对机体的调节作用。想象不仅可以改善个体的身体状况，也能使人体出现病理性变化，如假孕、误诊、被害妄想症等。

243. 思维是什么?

思维是人脑对现实事物间接和概括的加工过程，它是认识的高级形式。思维不同于感觉、知觉和记忆，感觉、知觉是直接接受外界的刺激输入，并对输入的信息进行初级加工。记忆是对输入的刺激进行编码、存储、提取的过程，而思维则是对输入的刺激进行更深层次的加工。思维离不开感觉、知觉、记忆活动所提供的信息。只有在大量感性信息的基础上，在记忆的作用下，人们才能进行推理，做出种种假设，并检验这些假设，进而揭示感觉、知觉、记忆所不能揭示的事物的内在联系和规律。概念、表象以及动作等是思维的基本构建单位，而推理、问题解决和决策等则体现了思维的过程。

思维有许多方式，包括形象思维法、演绎思维法、归纳思维法、联想思维法、逆向思维法、发散思维法、聚合思维法、目标思维法、移植思维法等。移植思维法是指把某一领域的科学技术成果运用到其他领域的一种创造性思维方法。

244. 思维定式是什么?

所谓思维定式，就是按照已经积累的思维活动经验和已有的思维规律，在反复使用中所形成的比较稳定的、定型化了的思维路线、方式、程序、模式。

思维定式也称“惯性思维”，认识的固定倾向是一种习惯，而习惯却是一种因循式的思维形式。思维定式一般与个人世界观的形成存在着内在的必然联系。

思维定式对于问题解决具有极其重要的意义。在问题解决活动中，思维定式会将新问题的特征与旧问题的特征进行比较，利用处理过类似的旧问题的知识和经验处理新问题，或把新问题转化成一个已解决的熟悉的问题，从而为新问题的解决做好积极的心理准备。

思维定式也有消极的一面，它容易使我们产生思想上的惰性，养成一种呆板、机械、千篇一律的解题习惯。每个人都在不同程度地被自己的习惯和思维定式左右，只有勇于进行创新思考，才能突破和改变旧有的思维习惯和行事的方式。

245. 心理暗示是什么？

心理暗示是一种心理机制，即我们的心理都可能肯定一种假设的东西，尽管这种假设可能是虚拟的，缺乏依据，但是我们主观上却因此受到影响，肯定了其存在。因此在现代医学中，为了证实一种药物是否有疗效，首先应该避免的就是对病人的心理暗示，这样才能获得确切的治疗证据。

人无时无刻不受到心理暗示，它是人的一种本能，动物的各种行为的学习、危险的躲避习惯等，也都是由于心理暗示的作用才得以实现。

每个人的心理特点与神经类型是不同的，对心理暗示的感受程度也就不相同。人从气质上来分，有胆液质型人、神经质型人、多血质型人和黏液质型人四种，大多数人又同时具备这四种气质类型中的几种类型。胆液质型的人最容易接受心理暗示，而黏液质型的人对心理暗示的反应较慢。

246. 心理健康是什么？

《简明不列颠百科全书》认为："心理健康是指个体心理活动在自身环境条件许可范围内所能达到的最佳状态，而不是指一种绝对的十全十美的状态。"

理解心理健康时要注意以下几个要点：

第一，心理健康是指一个人在生存与发展方面的最佳状态，而不一定是永恒的完美无缺状态，具有身心缺陷的人也可以追而求之，其目的是尽可能达到的良好状态。

第二，心理健康绝不仅限于没有心理疾病或心理上的安宁，它还要求良好的社会适应能力，具有追求更高境界和最大发展的趋向。

第三，心理健康是一个相对的状态。人的心理随着环境的变化而有相应的改变是正常现象，但是这种变化应该是适度的、适时的和良性的反应。

第四，心理健康是一个动态的变化和发展过程，它同躯体健康一样需要终身维护。

247. 情感和情绪是什么?

情绪和情感是人对客观外界事物的主观体验和相应的行为反应，它反映的是客观外界事物与主体需要之间的关系。情绪和情感是以需要为中介的心理活动；情绪和情感是个体的主观感受；情绪和情感都有其外部的表现（即表情）；情绪和情感都伴有生理上的变化。

情绪和情感的区别：情绪主要指的是感情的过程，它具有明显的情境性和易变性。情绪具有激动性，它伴有明显的生理变化。情感主要是指那些具有稳定的、深刻的社会意义的感情，它具有显著的稳定性、深刻性和持久性，如对祖国的热爱、对敌人的仇恨、对美的欣赏、对丑的厌恶等。

情绪和情感的联系：情绪和情感是同一心理现象的两个不同的方面，因而又具有密切的联系。情感是通过情绪来表达的，我们会为祖国取得的成就而欢欣鼓舞，也会为祖国受到侵略而同仇敌忾，离开了情绪的外在表现，爱国主义的情操也就无从表达了。情感也会制约着情绪的外在表现，因为人的需要就明显受到社会的制约。

248. 意志是什么?

意志是有意识地支配、调节行为，通过克服困难，以实现预定目的的心理过程。无意识、无目的的，或不需要克服困难就能达到目的的行动，都不能体现出个体意志。

意志的特点：一是具有自觉性，对行动的目的有深刻的认识，能够自觉地支配自己的行动，使之服从于活动目的的品质，与这种品质相反的是受暗示性；二是具有果断性。这是一种迅速、不失时机地采取决定的品质。与其相反的是优柔寡断；三是具有坚韧性。坚持不懈地克服困难，永不退缩的品质，也叫作毅力和顽强性。与其相反的是三分钟热度、朝三暮四、虎头蛇尾。四是具有自治性。善于管理和控制自己情绪的行为的能力，又叫作自制力或意志力。与其相反的是任性和怯懦。

意志力是可以培养和提高的。要根据自身意志品质的特点，设计相应的锻炼方法，克服自身弱点，成为意志品质坚强的人。

249. 个性是什么？

所谓个性即个人的心理特征，指一个人比较稳定、比较常态的心理特征，就是一个人在思想、性格、品质、意志、情感、态度等方面不同于其他人的特质，这个特质的外在表现就是他的言语方式、行为方式和情感方式等。

制约个性发展的因素：一是遗传，二是环境。儿童出生后就存在着个体差异，这主要是先天的神经类型的差异，这些差异在后天的生活和教育影响下不断改变。也就是说，在个性的发展中，随着年龄的增长，遗传的作用越来越小，环境的影响越来越大，其中早期的家庭影响对孩子个性的发展起着直接的作用。许多心理学家认为，人的个性初步形成是从学龄前期开始的，也就是说，儿童的个性是在3—6岁开始形成的。

心理特征人人都有，精神面貌人人不可缺少。从这种意义上来说，世界上不存在没有个性的人。个性对于一个人的活动、生活具有直接的影响；对于一个人的命运、前途有直接的作用。

250. 能力测验是什么？

能力作为一种心理特征，不同于物理现象的特性，它看不见摸不着，不能直接进行度量，但是人的能力又能通过成功地解决各种实际问题而表现出来。因此，分析一个人怎样解决问题，取得了什么结果，就可以间接判断其能力的强弱。

能力测验是指对一个人或某一团体的某种能力做出评价。这种能力可以是当前所具有的实际能力，或者是将来可能有的潜在能力；可以是一般的普通能力，或者是某种特殊的能力，如音乐、美术、体育等方面的特殊能力。

能力测验的工具是按标准化的程序所编制的各种能力测验。根据测验的方式可分为个别测验和团体测验；根据测验的内容可分为文字测验和非文字测验；根据能力的分类可分为一般能力测验、特殊能力测验和创造力测验。实施这些测验的目的就是尽可能地把能力用数量化的标志表示出来。

251. 智商（IQ）是什么？

智商是智力商数的简称，是用数值来表示智力发展水平的重要概念，人类发现它已经有大约 100 年的历史了。一般来说，智力指的是人类拥有的几种能力：逻辑推理能力、分析推理能力、语言能力、方位判断力。人的智商水平是可以测试出来的。所谓智力年龄是指一个人在智力测试所能达到的水平，如一个 5 岁的孩子在做 5 岁组智力测试中能及格，在做 6 岁组智力测试中也能及格，但在做 7 岁组的智力测试中不能及格，那么这个孩子的智力年龄为 6 岁。一个孩子的智力年龄超过实际年龄越高，他的智商就越高。

智商的正常范围是 70 ~ 130，平均 100，100 ± 15 即 85 ~ 115 属于中等，115 ~ 130属于上等，130 以上是超常，70 ~ 85 属于中下等。但是，如果一个孩子智商在 70 以下，不能轻易就认定他是弱智，因为目前智商的检测仍然有很大的局限性，特别是它只能测孩子智力的当前水平，不能测孩子智力的潜在能力。智商仅是一个数值，不能反映儿童智力的差异，更不能预测一个人未来的成就。

252. 情商（EQ）是什么？

心理学家认为，智商显示一个人做事的本领，情商则反映一个人做人的表现。智商和技能相关，它能决定你可以做什么事，比如你能不能做记者、工程师、医生、律师，等等。这些职业都对智商和技能有比较高的要求，它决定你是否能处理复杂多样的信息，应对复杂的概念。但是所有进入这个领域的人，一般都有这个职业所需要的基本能力。这时，区别一个人能否成功，智商就不起作用了，而情商则成为判断一个人能否成功的主要因素。

所以说，在社会中，智商决定了我们的职业，在职业生涯中，情商决定了我们能否实现自己的人生目标。在今后的社会中，人们不仅要会做事，更要会做人。而情商高的人，说话得体，办事得当，才思敏捷，“人见人爱”，取得成功的机会当然大于情商低的人。情商可以理解为一种“软技能”。

253. 气质是什么？

从心理学上来说，气质是人们进行心理活动时或在行为方式上表现出来的强度、速度、稳定性和灵活性等动态性的心理特征。

古希腊医生希波克拉底认为人体内有四种体液：血液、黏液、黄疸汁和黑胆汁。他根据人体内的这四种体液的不同配合比例，将人的气质划分为四种不同类型：

（1）多血质：体液中血液占优势。具体特征是灵活性高，易于适应环境变化，善于交际，对什么都感兴趣，但情感兴趣易于变化；有些投机取巧，易骄傲，受不了一成不变的生活。

（2）黏液质：体液中黏液占优势。具体特征是反应比较缓慢，能克制冲动，不易流露感情，自制力强；严格恪守既定的工作制度和生活秩序，固定性有余而灵活性不足。

（3）胆汁质：体液中黄疸汁占优势。具体特征是情绪易激动，性急，能以极大的热情投身于事业，但工作有明显的周期性，当精力消耗殆尽时，便失去信心。

（4）抑郁质：体液中黑胆汁占优势。具体特征是高度的情绪易感性，常为微不足道的原因动感情；行动表现上迟缓，有些孤僻；遇到困难时优柔寡断，面临危险时极度恐惧。

254. 性格是什么？

《辞海》对性格的解释是：人对现实的态度和行为方式中较稳定的个性心理特征。它是个性的核心部分，最能表现个别差异：诚实或虚伪、谦逊或骄傲；勇敢或怯懦、果断或优柔寡断；热情或冷漠、开朗或抑郁等。

性格是在社会生活中逐渐形成的，同时也受个体的生物学因素的影响。心理学家们曾经以各自的标准和原则，对性格类型进行了分类：

从心理机能上划分，性格可分为理智型、情感型和意志型；

从心理活动倾向性上划分，性格可分为内倾型和外倾型；

从个体独立性上划分，性格分为独立型、顺从型、反抗型。

根据不同价值观，还可以把人的性格分为理论型、经济型、权力型、社会型、审美型、宗教型。

255. 积极心理学是什么?

积极心理学是心理学领域的一场革命，它采用科学的原则和方法来研究幸福，倡导心理学的积极取向，以研究人类的积极心理品质、关注人类的健康幸福与和谐发展。

积极心理学是相对于消极心理学而言的。所谓的消极心理学主要是以人类心理问题、心理疾病诊断与治疗为中心的。以消极取向为主的心理学模式，缺乏对人类积极品质的研究与探讨，由此造成心理学知识体系上的巨大“空档”，限制了心理学的发展与应用。

积极心理学倡导探索人类的美德，如爱、宽恕、感激、智慧和乐观等，因此许多传统的心理学研究分支，如临床心理、咨询心理、社会心理、人格心理和健康心理学等，都可以在积极心理学的范式中将注意力转向对于人性积极面的研究。

积极的情绪和体验、积极的人格特征、积极的社会环境是积极心理学的主要关注对象。

256. 幸福感是什么?

幸福感是指人类基于自身的满足感与安全感而主观产生的一系列欣喜与愉悦的情绪。幸福感受到许多复杂因素的影响，主要包括经济因素，如就业状况、收入水平；社会因素如教育程度、婚姻质量；人口因素如性别、年龄；文化因素如价值观念、传统习惯；心理因素如个性特征、自尊程度、生活态度、成就动机；政治因素如民主权利、参与机会等。

20 世纪 60 年代晚期到 80 年代中期，人的主观幸福感成为心理学的热点研究领域。心理学家对于主观幸福感的探讨更多地来自生活质量、心理健康和社会老年学三个学科领域。由于社会学家和经济学家加入幸福感研究的行列，幸福感的丰富内涵和表现形式得到了更多的揭示。

致力于幸福学研究的美国社会心理学家莱恩博士指出，经济发展越快，非物质因素对幸福的影响就越大。国人想要追求幸福，一定要改变一些陈旧的观念，从情感、健康、心态等方面找寻属于真正自己的幸福。

第十二篇　教育学是什么

257. 教育学是什么？

教育学是研究人类教育现象和解决教育问题，揭示一般教育规律的一门社会科学。教育学的研究任务是通过对教育现象的分析，研究教育问题，揭示教育规律，目的是指导教育实践。作为一门规范学科，虽然其历史不长，但是其思想来源源远流长，如苏格拉底、柏拉图、亚里士多德等。

教育活动是最复杂的一类社会实践活动，教育问题也是非常复杂的一类社会问题，因而教育学研究中存在着非常复杂的方法论问题，主要呈现为：理性主义教育学重视教育学研究的逻辑性，忽视教育学研究的历史性；实证主义教育学重视教育学研究的事实性，排斥教育学研究的价值性；文化教育学重视教育学研究的价值性与历史性，忽视教育学研究的事实性；实用主义教育学着眼于具体问题的解决，从根本上回避教育学研究的方法论问题。

258. 教育目的是什么？

广义的教育目的是指人们期望受教育者接受教育后身心各方面产生积极变化或结果。狭义的教育目的是指一个国家为教育确定的培养人才的质量规格和标准，是社会通过教育过程要在受教育者身上形成它所期望的结果或达到的标准。

教育目的具有导向支配功能、指导调节功能、激励评价功能。有了教育目的，就为教育内容的选择确定了基本范围，保证了教育能够科学地对人类丰富的文化做出有价值的取舍。教育目的也为选择相应的教育途径、方法和形式提供了依据。激励功能不仅激励教育者通过一定的方式，把教育目的和培养目标转化为学生的学习目的，也激励受教育者自觉地、积极地参与教育活动。评价功能既为教育活动指明了方向，又为检查和评价教育活动的质量提供了衡量尺度和根本标准。无论是过程性评价还是终结性评价，都必须以教育目的为根本依据。

259. 教育方法是什么?

教育方法是指在一定的教育思想指导下形成的实践其教育思想的策略性途径，包括教师直接指向教育内容的教学方法、学生学习方法指导及学前教育和家庭教育的方法。

教师直接指向教育内容的教学方法主要包括讲授法、谈话法、讨论法、读书指导法、演示法、参观法、实验法、练习法等。

谈话法又称问答法，是教师提出问题，引导学生进行积极思维，回答教师提出的问题，从而获得知识、巩固知识的一种教学方法。讨论法是在教师的指导下，学生以班级或小组为单位，围绕教学中的某一中心问题，在独立钻研的基础上，发表自己的看法，相互启发、相互学习的一种教学方法。演示法是教师在课堂上通过展示实物、模型、图片等直观教具或通过示范性操作实验和现代化电教手段指导学生获得知识的教学方法。练习法是在教师指导下，学生将所学的知识运用于实际，借以达到消化巩固知识，并形成技能技巧的教学方法。

260. 素质教育是什么?

素质教育是指一种以提高受教育者诸方面素质为目标的教育模式。它重视人的思想道德素质、能力培养、个性发展、身体健康和心理健康教育。

素质教育主要包括内在素质和外在素质。内在素质主要是人对世界、环境、人生的看法和意义，外在素质就是一个人具有的能力、行为、所取得的成就等。

素质教育的基本特点：一是全体性，素质教育必须面向全体人民。二是基础性，所谓基础性是相对于专业性、定向性而言的。素质教育向儿童、青少年提供的是基本素质教育而不是职业素质或专业素质教育。三是发展性，要把学生的重心转移到启迪心智、孕育潜力、增强后劲上来。四是全面性，素质教育应该是完善意义上的教育，它是指向全面基本素质的。五是未来性，素质教育立足于未来社会的需要，而不是眼前的升学目标或就业需求。

261. 应试教育是什么?

应试教育拥有与素质教育截然不同的教育价值观，它以选拔为宗旨，以把少数人从多数人中选拔出来为唯一目的，其指导思想是功利主义。应试教育体现了以应对考试和进行选拔为基础的教育的价值取向，它只重视少数学生，只教授对应考试的知识，强调这部分知识内容的唯一性，忽视教育规律和学生身心发展规律，从而造成学生片面、畸形的发展。

应试教育的最大弊端是过分重视书本知识特别是外部灌输性知识的学习，过分重视应试技能，教学方法主要是机械训练，严重忽视学生的情绪、情感及个性发展，忽视学生自我意识和综合能力的培养，学生无法为未来而设计自己的今天。以升学为唯一目标的学习，束缚了学生潜能的发挥，往往是高耗低效甚至是无效的。所以，高升学率虽然是应试教育的主观诉求，但并非是应试教育的必然结果。

262. 德育是什么?

康德有句名言：“位我上者，灿烂星空；道德律令，在我心中。”德育可以培养学生的道德能力。德育作为我国全面发展教育的重要组成部分，旨在帮助受教育者形成一定的政治态度、思想观点、道德情感、心理品质和行为习惯，以及与之相应的价值判断和自我教育能力。

德育具有非常强的实践性特征，只有通过学生主体主动参与的社会性活动和实践，在主客体的交互作用下，经过学生思想内部的矛盾斗争，将认知内化为信念，将信念外化为行为，反复多次，才能形成稳固的个性性格特征。

德育内容主要有爱国主义教育、理想教育、集体主义教育、劳动教育、人道主义与社会公德教育、自觉纪律教育、民主与法制观念的教育、科学世界观和人生观教育、国防教育与国家总体安全观教育、民族精神与尚武精神教育。

德育方法主要有说服、榜样、锻炼、修养、陶冶等，此外，还有表扬、奖励与批评、处分等方法。德育的方法各有特点与作用，它们之间相互补充配合，构成完整的系统。

263. 智育是什么?

智育可以培养学生的认知能力，是开发智力的教育，是教育者有目的、有计划、有组织地向学生传授系统的文化科学知识和技能的教育活动。智育的核心是培养人的智慧，提高人的认识能力。

智育历史悠久，我国早在西周已有六艺之教。在西方，古希腊雅典的教育中，以语法、修辞、逻辑（或辩证法）以及算术、天文、几何、音乐等作为奴隶主学校的智育内容。19 世纪末期，资本主义经济和科学技术迅速发展，开始实施普及初等教育，自然科学在中小学教育中逐渐取得重要地位。近现代以来，随着教育的发展和普及，智育积累了丰富的经验。

智育在实施全面发展教育中起着十分重要的作用。智育可以为其他各育提供科学文化知识基础和智力基础，促进其他各育的发展。我国的学校智育要求积极培养学生创造性思维能力和勇于探索的精神，发展学生多方面的兴趣和才能。

264. 体育是什么?

体育可以培养学生的意志能力。广义的体育也称体育运动，是以锻炼身体、丰富社会文化生活为目的的一种有组织的社会活动。狭义的体育主要指学校体育。体育的本质特点是以身体练习为手段，发展身体，增强体质，促进人的全面发展，为社会发展服务。

体育教学是全面发展教育的重要组成部分之一。体育本身还直接包含智育的内容，通过体育教学可以使学生掌握体育运动的知识、技能，了解人体生理常识，学习体育卫生知识。

体育的基本任务在于，授予学生有关运动与健康的基本知识，通过运动技能的训练，促进学生身体各器官、各系统的正常生长和发育，从形态和机能上完善人体；全面发展学生身体素质和基本生活能力，增强学生的体质，提高其身体适应外界变化和抵御疾病的能力；培养学生参加体育活动的习惯，使学生养成体育活动所需的有关品质。

265. 美育是什么?

美育又称审美教育，是以陶冶情感、培养情操为特征，以生动形象的手段，提高学生感受美、理解美、创造美的能力，进而促进学生全面、自由发展的一种教育形式。

美育不等于艺术教育，也不仅是“美学”的学习，它的内容要比艺术教育和“美学”学习宽阔得多。美把关注的目光转向人本身的塑造，美与教育合辙并行。

我国近代学者王国维、蔡元培等人都竭力提倡审美教育，蔡元培认为：“美育者，应用美学之理论于教育，以陶养感情为目的者也。”并提出了以“美育代宗教”的口号，力图通过美育让人们的情感从宗教的桎梏中解放出来。

美育的内容包括艺术美（音乐和舞蹈、绘画、影剧欣赏、文学），自然美（以大自然为审美对象所感受和体验到的美），社会美（以社会生活中美好的人和事为对象而感受和体验到的美），科学美（以科学的内容和形式为对象所感受到的美）等。

266. 劳动教育是什么?

劳动教育是全面发展教育的重要组成部分，是培养学生的劳动观念、劳动习惯和劳动热情，并使学生初步掌握一些生产劳动或通用的职业技术基础教育和基本技能的教育。这种教育的特点在于强调程序性知识、实践性知识的获取，强调学生动手操作能力、实践创造能力的培养，强调手脑并用、教劳结合，强调通过教育沟通学校与社会、教育与职业的关系。

《共产党宣言》明确提出要把“教育同物质生产结合起来”，并且高度评价教育与生产劳动相结合的意义。我国的《教育法》以法律形式规定教育“必须与生产劳动相结合”为教育方针的一个重要内容，要求各级各类学校从实际出发，加强和改进对学生劳动实践精神的教育，使其接触自然，了解社会，培养热爱劳动的习惯和艰苦奋斗的精神。

267. 社会教育是什么?

社会教育是每个人都必须经历的教育，伴随着一个人的一生，可谓终身教育。国内外对“社会教育”概念的理解，主要有以下观点：

第一类是“补充教育论”。这类观点主要是根据教育学的基本原则而得出广狭两种界定，强调社会教育的补充功能。广义指整个社会实施的教育，狭义指校外社会各界有目的、有组织、有计划地实施的教育活动。

第二类是“教育影响论”。这类观点主要相对于学校教育而言，它突出社会教育的影响和作用。

第三类是“系统教育论”。这类观点认为社会教育是广义的教育中有组织的教育活动，是学校、家庭教育外，社会一切有目的、有计划、有组织的系统教育。

268. 家庭教育是什么?

家庭教育是在家庭生活中，由家长或监护人（其中首先是父母）对其子女实施的教育，即家长有意识地通过言传身教和家庭生活实践，对子女施以一定教育影响的社会活动。

家庭教育是学校教育与社会教育的基础。由于发生在家庭之中，其与学校教育和社会教育相较，具有早期性、连续性、权威性、感染性、及时性等特点。

因为幼儿期是人生熏陶渐染化的开始，所以不可忽视家庭教育早期性的作用。连续性是因为家庭教育伴随着孩子的一生，这种终身性教育往往反映了一个家庭的家风。家庭教育的权威性是指父母长辈在孩子身上所体现出的权力和威力。家庭教育的感染性是因为父母的喜怒哀乐对孩子有强烈的感染作用。家庭教育的及时性有利于家长掌握孩子的各种状态，发现存在的问题，及时教育纠偏，把不良行为和习惯消灭在萌芽之中。

第十三篇　经济学是什么

269. 经济学是什么?

经济学是研究人类社会在各个发展阶段上的各种经济活动和各种相应的经济关系及其运行、发展的规律的科学。

经济学家运用科学方法来理解经济生活，包括观察经济事件、利用统计分析和历史记录。对于预算赤字的影响或通货膨胀的原因等复杂现象来说，历史可以提供丰富的前车之鉴。经济学家经常依赖于分析和理论，理论研究方法使得经济学家能够进行一般化的抽象，诸如讨论国际贸易与专业化分工的好处、税收与配额的弊端等。此外，经济学家创建了一门被称为经济计量学的专业分析技术，将统计学工具应用到经济问题的分析之中。借助经济计量学，经济学家可以从堆积如山的经验数据中抽象出简单明了的事物之间的联系机制。

作为一门独立的科学，经济学是在资本主义产生和发展的过程中形成的。资本主义社会出现以前，虽然产生了一些经济思想，但并没有形成系统。伴随人类经济史的推进，经济理论体系和应用不断完善发展。

270. 经济学的学科分类是什么?

从研究范围看，经济学分为宏观经济学、中观经济学、微观经济学三大类。宏观经济学研究经济的总体运行，中观经济学是介于微观经济学与宏观经济学之间的一门新兴学科。亚当·斯密通常被认为是微观经济学的创始人，今天，经济学的这一分支主要是研究作为单个实体的市场、企业、家庭的行为。

从历史发展来看，可分为家庭经济学、政治经济学。家庭经济学主要研究家庭的消费、生产、理财等经济活动。政治经济学是研究生产、购买及出售，法律、社会习俗惯例，以及政府之间的关系的一门独立学科。新政治经济学主要是利用现代经济分析的形式和技术工具来考察政治对于经济的重要性。

从政府参与经济发展的方式看，可分为市场经济和计划经济。从经济主体看，分为政府经济（又称公共经济或公共部门经济）和非政府经济（包括企业经济等）。从经济的研究对象看，包括金融经济学、产业经济学、新生经济学等。其中新生经济学是以研究新生经济为主旨的经济学基础理论，包括新能源经济、新材料经济、创新驱动型经济等。

271. 马克思的《资本论》是什么?

《资本论》是马克思1859年发表的《政治经济学批判》的续篇，全称为《资本论·政治经济学批判》，首次出版于1867年9月14日的德国汉堡，是马克思研究资本主义社会经济形态的巅峰之作。马克思是第一个将经济和历史联系在一起的经济学家，他没有简单地把精神生活、政治生活和社会生活的一般过程归结为它们的共同基础——物质生产过程，而是从物质生活的生产和再生产中引出了全部社会生活和精神生活的内容和形式。

《资本论》就是论资本，而资本是带来剩余价值的价值，没有剩余价值就不存在资本，而没有资本也就不能带来剩余价值，可以说，剩余价值是《资本论》的中心内容。纵观《资本论》四卷，其中第一卷的中心是分析剩余价值的生产问题，第二卷的中心是分析剩余价值的实现问题，第三卷的中心是分析剩余价值的分配问题，第四卷是剩余价值理论的发展史。可见，《资本论》是研究资本家如何榨取工人所创造的剩余价值，以及剩余价值的实现和分配问题的巨著。马克思第一次确定政治经济学的研究对象是生产关系，这是和资产阶级经济学根本对立的。

272. 亚当·斯密的《国富论》是什么?

《国富论》是“现代经济学之父”、英国经济学家亚当·斯密的经济学专著。这本全名为“国民财富的性质和原因的研究”的专著于1776年第一次出版，被誉为西方经济界的《圣经》，书中许多观点为马克思批判吸收。

《国富论》的核心是主张经济的自由放任，它抨击了阻碍工业发展的一整套腐朽的、武断的政治限制。亚当·斯密的主要理论贡献有利己心理论、“看不见的手”理论、国民财富源泉理论、分工理论、货币理论、价值理论、价格理论、资本理论等。

亚当·斯密的利己心理论学说认为，每个人追求个人利益，最有利于生产发展，会自然而然地达到社会共同利益。“看不见的手”理论认为，自由竞争是“一只看不见的手”，自发地调节生产的进行，国家干预私人经济生活往往会起妨碍作用。而国民财富源泉理论强调劳动是国民财富的源泉。分工理论认为，发展分工是提高劳动生产力的主要方法；货币理论突出了货币作为流通手段的作用；价值理论则阐述了价值规律的表现形式。

273. 凯恩斯的《货币论》是什么？

《货币论》是现代宏观经济学的奠基者之一约翰·梅纳德·凯恩斯的经典著作，是他对20世纪20年代许多重大经济、货币理论问题的总结。

《货币论》论证物价水平稳定和经济均衡的条件，其全部目的在于，考察如何维持物价水平的稳定和经济的均衡，如何维持投资和储蓄之间的相等，如何促使市场利率（实际通行的利率）与自然利率（使储蓄与投资相等的利率）相一致等。《货币论》中提出的具体建议是实行银行体系的货币金融管理，操纵并调节利率去影响投资，使投资与储蓄相等，并保持稳定，从而达到物价稳定与经济均衡的战略目标。

凯恩斯提出了一个重要的政策性理论，即政府可以在国内有效需求不足的情况下，通过降低利率，扩大货币供应，促进企业扩大投资，增加就业和产出，实现货币政策目标。

274. 资本是什么？

资本，在经济学意义上，指的是用于生产的基本生产要素，即资金、厂房、设备、材料等物质资源。在金融学和会计领域，资本通常用来代表金融财富，特别是用于经商、兴办企业的金融资产。广义上的资本也可作为人类创造物质财富和精神财富的各种社会经济资源的总称。

资本是运动的，资本的动态特征体现在很多方面，比如资本运营。资本经营又称资本运作，是指利用市场法则，通过资本本身的技巧性运作或资本的科学运动，实现价值增值、效益增长的一种经营方式。

产业资本在循环中分离出其他资本形式，出现了商业资本、借贷资本、银行资本等，它们从属于产业资本，并为产业资本服务。价值规律告诉我们，资本总是流向高利润行业。在产业资本现实的连续循环中，并存着三种资本形式，即货币资本、生产资本和商品资本，鉴于货币资本和商品资本是在流通中执行其职能的，故两者又被合称为流通资本。

275. 产权是什么？

关于产权，《中华人民共和国民法通则》规定的法律定义为：产权是指财产所有权。财产所有权是指所有权人依法对自己的财产享有占有、使用、收益处分的权力。

产权有四大功能：一是激励功能，任何产权主体对其产权的行使，都是在收益最大化的动机支配下的经济行为。二是约束功能，产权对产权主体在行使产权的经济活动中所施加的强制。三是资源配置功能，产权制度安排所具有的调节或影响资源配置状况的作用。四是产权的协调功能，财产关系的明晰及其制度化是一切社会得以正常运行的基础。

根据所有制性质的不同，产权可分为国家所有权、集体所有权、财产所有权等。我国的“产权制度改革”是对所有制具体实现形式进行的改革。我们通常所说的公司制改造、联合、兼并、股份合作制、出售等行为都属于产权制度改革，公司制改造是产权制度改革的一种主要形式。

276. 交易费用是什么？

交易费用理论是整个现代产权理论的基础。1937 年，著名经济学家罗纳德·科斯在《企业的性质》一文中首次提出交易费用理论，该理论认为，交易费用决定了企业的存在，企业采取不同组织方式的最终目的也是为了节约交易费用。

科斯之后，威廉姆森等许多经济学家又进一步对交易费用理论进行了发展和完善。威廉姆森将交易费用分为事前的交易费用和事后的交易费用，他认为，事前的交易费用是指由于将来的情况不确定，需要事先规定交易各方的权利、责任和义务，在明确这些权利、责任和义务的过程中就要花费成本和代价，而这种成本和代价与交易各方的产权结构的明晰度有关；事后的交易费用是指交易发生以后的成本。

电子商务的兴盛是对交易成本是一场重大革命。Internet 的便利性使搜索成本、协商成本和契约成本大幅降低。

277. CPI（居民消费价格指数）是什么？

CPI 是居民消费价格指数（Consumer Price Index）的简称。居民消费价格指数，是一个反映居民家庭一般所购买的消费价格水平变动情况的宏观经济指标。它是度量一组代表性消费商品及服务项目的价格水平随时间而变动的相对数，是用来反映居民家庭购买消费商品及服务的价格水平的变动情况的指标。

CPI 的变动率在一定程度上反映了通货膨胀或紧缩的程度。一般来说，物价全面、持续上涨就被认为发生了通货膨胀。一般市场经济国家认为 CPI 增长率在 2% ~3% 属于可接受范围内，当然还要看其他数据。CPI 过高始终不是好事，高速经济增长率会拉高 CPI，但物价指数增长速度比人民平均收入的增长速度快就一定不是好事，而一般平均工资的增长速度很难超越 3% ~4%。CPI 稳定、就业充分及 GDP 增长是最重要的社会经济目标。

278. 基尼系数是什么？

基尼系数由意大利经济学家基尼于 1912 年提出，是国际上用来综合考察居民内部收入分配差异状况的一个重要分析指标。它是一个比值，数值在 0 和 1 之间，基尼系数的数值越低，表明财富在社会成员之间的分配越均匀。发达国家的基尼系数一般在 0. 24 到 0. 36 之间。基尼系数较客观、直观地反映和监测居民之间的贫富差距，预报、预警贫富差异程度，利于国家及时采取对策防止贫富两极分化。

基尼系数在反映收入分配公平性方面还存在某些不足，它只能大致反映居民之间收入分配的差异程度，具体到不同阶层之间的收入差异程度以及绝对数额等是无法通过基尼系数反映的。要完整全面地了解一个国家或地区居民的收入分配状况，仅仅依据基尼系数还不够，必须结合收入分配的次数分布数列以及收入分配各组内部的平均数等指标来进行全面的比较和分析。

279. 广义货币（M2）是什么？

广义货币（M2）是一个金融学概念，是货币供给的一种形式或口径，其计算方法是交易货币以及定期存款与储蓄存款。

M0、M1、M2、M3都是用来反映货币供应量的重要指标。我国对货币层次的划分是：M0 = 流通中现金；狭义货币（M1） = M0 + 企业活期存款 + 机关团体部队存款 + 农村存款 + 个人持有的信用卡类存款；广义货币（M2） = M1 + 城乡居民储蓄存款 + 企业存款中具有定期性质的存款 + 信托类存款 + 其他存款。M3是根据金融工具的不断创新而设置的。

M1反映着经济中的现实购买力，M2不仅反映现实的购买力，还反映潜在的购买力。若M1增速较快，则消费和终端市场活跃；若M2增速较快，则投资和中间市场活跃。

M2与GDP的比率是衡量一国经济货币化程度的重要指标。我国自改革开放以来，M2与GDP比率增速非常快，且数字非常大，这说明居民财富在不断增长，经济货币化率不断提高。

280. 工资是什么?

工资是指雇主或者法定用人单位依据法律规定，或行业规定，或根据与员工之间的约定，以货币形式对员工的劳动所支付的报酬。工资形式一般有以下几种：计时工资、计件工资、奖金、津贴和补贴、加班加点工资、特殊情况下支付的工资。在我国，由用人单位承担或者支付给员工的下列费用不属于工资：社会保险费、劳动保护费、福利费、计生费等。

绩效工资是指依据雇员绩效而增发的奖励性工资，是建立在科学的工资标准和管理程序基础上的工资体系。

最低工资指劳动者在法定工作时间提供了正常劳动的前提下，其雇主（或用人单位）支付的最低金额的劳动报酬。最低工资不包括加班工资、特殊工作环境、特殊条件下的津贴，也不包括劳动者保险、福利待遇和各种非货币的收入。最低工资一般由一个国家或地区通过立法制定。

281. 国内生产总值（GDP）是什么?

国内生产总值（GDP）是用最终产品来计量的，即最终产品在该时期的最终出售价值。一般根据产品的实际用途，可以把产品分为中间产品和最终产品。最终产品是指在一定时期内生产的可供人们直接消费或者使用的物品和服务。中间产品是指为了再加工或者转卖用于供别种产品生产使用的物品和劳务，如原材料、燃料等。

GDP 一般仅指市场活动导致的价值。那些非生产性活动以及地下交易、黑市交易等不计入 GDP 中。GDP 不是实实在在流通的财富，它只是用标准的货币平均值来表示财富的多少。但是生产出来的东西能否完全地转化成流通的财富，是不一定的。

282. 国民生产总值（GNP）是什么？

国民生产总值（GNP）是一个国民概念，指某国国民所拥有的全部生产要素在一定时期内所生产的最终产品的市场价值。GNP 比 GDP 更能反映一个国家真实的经济状况，因为 GDP 遵循国土原则，包含了外国公司在本国创造的收入，而这些收入最终要流入外国。

GDP 强调的是创造的增加值，是“生产”的概念。GNP 强调的是获得的原始收入。从国际组织看，由于职能的不同，国际货币基金组织仅关注 GDP，以分析世界各国的经济增长；而世界银行则既关注 GDP 也关注 GNP，一定程度上更为关注 GNP，以分析世界各国的贫富差异。

GDP 与 GNP 引致的经济增长方式也存在差异。推崇 GNP 蕴含的是一种内生的增长模式，而推崇 GDP 实际上是一种输入性的增长模式。内源性经济增长模式相对扎实，输入型增长模式由于资本的趋利性，如果有更好的投资区域，资本就会流走。

283. 全要素生产率是什么？

全要素生产率是宏观经济学的重要概念，最早由美国经济学家罗伯特·索罗提出，是衡量单位总投入的总产量的生产率指标，即总产量与全部要素投入量之比。全要素生产率的增长率常常被视为科技进步的指标。全要素生产率的来源包括技术进步、组织创新、专业化和生产创新等。

全要素生产率是分析经济增长源泉的重要工具，尤其是政府制定长期可持续增长政策的重要依据。第一，估算全要素生产率有助于进行经济增长源泉分析，即分析各种因素（投入要素增长、技术进步和能力实现等）对经济增长的贡献，识别经济是投入型增长还是效率型增长，确定经济增长的可持续性。第二，估算全要素生产率是制定和评价长期可持续增长政策的基础。具体来说，通过全要素生产率增长对经济增长贡献与要素投入贡献的比较，就可以确定经济政策是应以增加总需求为主还是应以调整经济结构、促进技术进步为主。

284. 中等收入陷阱是什么?

“中等收入陷阱”是世界银行在 2006 年《东亚经济发展报告》中提出的概念，指一个经济体从中等收入向高收入迈进的过程中，难以摆脱以往的发展模式，很容易出现经济增长的停滞和徘徊，人均国民收入难以突破 1 万美元。进入这个时期，经济快速发展积累的矛盾集中爆发，原有的增长机制和发展模式无法有效应对由此形成的系统性风险，经济增长容易出现大幅波动或陷入停滞。大部分国家则长期在中等收入阶段徘徊，迟迟不能进入高收入国家行列，陷入所谓中等收入陷阱。

国际上公认的成功跨越中等收入陷阱的国家和地区有日本和亚洲四小龙，但就比较大规模的经济体而言，仅有日本和韩国实现了由低收入国家向高收入国家的转换。

我国现在也存在需求不足、成本提高、创新力不够等问题，要跨越中等收入陷阱，关键是克服这些不利因素，加快深化改革，完成向市场体制的转型。

第十四篇　地理学是什么

285. 地理学是什么?

地理学是研究地球及其特征、居民和现象，研究人与地理环境关系的学科，它的基本学科：一是自然地理学，二是人文地理学。自然地理学研究自然环境及如何造成地形及气候、水、土壤、植被、生命的各种现象及它们的相互关系。人文地理学专注于人类建造的环境和空间是如何被人类制造、看待、管理以及人类如何影响其占用的空间。

现代地理学是现代科学技术革命的产物，并随科学技术的进步而发展，其标志是地理数量方法、理论地理学的诞生和计算机地图制图、地理信息系统的出现。

地理学的分支极多，包括经济地理学、政治地理学、城市地理学、历史地理学、区域地理学、应用地理学等。实际上，地理学的不少分支学科就是为了应用而发展起来的，如医药地理学、军事地理学等。由于许多重大问题，比如荒漠化、环境保护、土地利用等问题的解决与研究不是一门学科所能单独胜任的，而地理学是综合性的横断学科，因此特别适于这种应用性研究。

286. 自然环境是什么?

自然环境是环绕人们周围的各种自然因素的总和，如大气、水、植物、动物、土壤、岩石矿物、太阳辐射等。地表上各个区域的自然环境要素及其结构形式是不同的，因此各处的自然环境也就不同。低纬度地区每年接受的太阳能比高纬度地区多，形成热带环境，高纬度地区形成寒带环境。雨量丰沛的地区形成湿润的森林环境；雨量稀少的地区形成干旱的草原或荒漠环境。

按生态系统，自然环境可分为水生环境和陆生环境。水生环境包括海洋、湖泊、河流等水域。陆生环境的范围小于水生环境，但其内部的差异和变化比水生环境大得多。这种多样性和多变性的条件，促进了陆生生物的发展，生物种属远多于水生生物，且空间差异很大。

按人类对它们的影响程度以及它们所保存的结构形态、能量平衡，自然环境可分为原生环境和次生环境，前者受人类影响较少，基本上仍按自然界的规律进行；后者指人类活动影响下，各方面都发生重大变化的环境，如耕地、种植园、城市、工业区等。

287. 生命的基本特征是什么？

所有生物或大多数生物表现出的共同特征叫作生命特征。生命有六个方面的基本特征：生命体有共同的物质基础和结构基础；生物体都有新陈代谢作用；生物体都有适应性；生物体都有生长、发育与生殖现象；生物体都有遗传、变异的特性；生物体都能适应一定的环境，也能影响环境。

生命的核心在于一代代地复制和变异，所有的生物都是通过印在每个细胞中的遗传蓝图将特征信息传给下一代的。每个个体的模板不尽相同，由一系列微小的基因组成遗传密码，而这些基因又由一种非常大的生化物质——DNA 的片段组成。通过在细胞中复制自身，DNA 同样是生长过程中的重要媒介物。它就像是一块模板那样产生自身新的拷贝，正像复印一样，在这一过程中总有些小误差，这些“小误差”被称为“变异”。生命通过遗传和变异完成了衔接和进化，使得生命一步步由简单到复杂，由淘汰、选择达到优化。

288. 温室效应是什么？

温室效应是大气保温效应的俗称，大气能使太阳短波辐射到达地面，但地表受热后向外放出的大量长波热辐射线被大气吸收，这样就使低层大气的作用类似于栽培农作物的温室。自工业革命以来，人类向大气中排入的二氧化碳等吸热性强的温室气体逐年增加，大气的温室效应也随之增强。二氧化碳的含量增加一倍，全球气温将升高 3℃ ~5℃，两极地区可能升高 10℃，气候将明显变暖。气温升高，会导致某些地区雨量增加，某些地区出现干旱，自然灾害加剧。更令人担忧的是，由于气温升高，两极地区冰川融化，海平面升高，许多沿海城市、岛屿或低洼地区将面临海水上涨的威胁，甚至被海水吞没。

世界第一个全面控制温室气体排放，应对全球气候变暖的国际公约是《联合国气候变化框架公约》（以下简称《公约》）。《公约》规定缔约方应采取措施限制温室气体排放，同时向发展中国家提供资金以支付发展中国家履行《公约》所需增加的费用，并采取一切可行的措施促进和方便有关技术转让的进行。

289. 环境容量是什么？

环境容量是指某一环境区域内对人类活动造成影响的最大容纳量。大气、水、土地、动植物等都有承受污染物的最高限值，一个特定的环境对污染物的容量是有限的。环境空间越大，环境对污染物的净化能力就越强，环境容量也就越大。

环境容量包括绝对容量和年容量两个方面：环境的绝对容量是某一环境所能容纳某种污染物的最大负荷量，达到绝对容量没有时间限制，即与年限无关。环境的年容量是某一环境在污染物的积累浓度不超过环境标准规定的最大容许值的情况下，每年所能容纳的某污染物的最大负荷量。

在工农业规划时，必须考虑环境容量，如工业废弃物的排放，农药的施用等都应以不产生环境危害为原则。污染物的排放，必须控制在环境的绝对容量和年容量之内，才能有效地消除或减少污染危害。

290. 城市热岛效应是什么？

由于城市人口集中，工业发达，交通拥塞，大气污染严重，且城市中的建筑大多为石头和混凝土建成，它的热容量低，热传导率高，加上建筑物本身对风的阻挡或减弱作用，可使城市年平均气温比郊区可高 2℃，甚至更多，在温度的空间分布上，城市犹如一个温暖的岛屿，从而形成城市热岛效应。

原则上，一年四季都可能出现城市热岛效应。但是，对居民生活和消费构成影响的主要是夏季高温天气下的热岛效应。如何防止热岛效应？从城市气象规划设计出发，应考虑保护并增大城区的绿地、水体面积，因为城区的水体、绿地对减弱夏季城市热岛效应起着十分可观的作用。城市热岛强度随着城市发展而加强，因此在控制城市发展的同时，要控制城市人口密度、建筑物密度，因为人口高密度区也是建筑物高密度区和能量高消耗区，常形成气温的高值区。

291. 水的生态作用是什么？

水是一切生命机体的组成物质，是生命代谢活动所必需的物质，又是人类进行生产活动的重要资源。地球水的97%在海洋中，约覆盖地球总面积的70%。陆地上、大气和生物体中的水只占很少一部分。

水的生态作用主要由水循环体现，主要作用表现在三个方面：其一，水是所有营养物质的介质，营养物质的循环和水循化不可分割地联系在一起。其二，水对物质是很好的溶剂，在生态系统中起着能量传递和利用的作用。其三，水是地质变化的动因之一，一个地方矿质元素的流失，而另一个地方矿质元素的沉积往往要通过水循环来完成。

水循环是“调节器”，它调节了地球各圈层之间的能量，对冷暖气候变化起到了重要的因素。水循环是“雕塑家”，它通过侵蚀、搬运和堆积，塑造了丰富多彩的地表形象。水循环是“传输带”，它是地表物质迁移的强大动力和主要载体。更重要的是，通过水循环，海洋不断向陆地输送淡水，补充和更新陆地上的淡水资源，从而使水成为可再生的资源。

292. 生态幅是什么？

一种生物对每一个环境因素都要求有适宜的量，过多或不足都会使其生命活动受到抑制，乃至死亡，这种生物对每一个因素的耐受范围，称为生态幅。比如蚊子，30℃左右是蚊子最适合生长活动的条件，温度过高或者过低，蚊子都会死亡。

生态幅取决于物种的遗传特性以及环境的诱变作用。生态学中常常使用一系列名词来表示生态幅的相对宽度，例如，窄食性、窄温性、窄水性、窄盐性、窄栖性、广食性、广温性、广水性、广盐性、广栖性。环境对生态幅的影响：其一，生态幅常常受生态幅较窄的生态因子所限制。其二，物种的生态幅往往决定于它临界期的耐性。其三，生物间的相互作用，常常造成生物生理最适点与生态最适点不一致。其四，每个生物钟在其形成背景的基础上都有自己的分布区，这是它的生态幅及其环境相互作用所决定的。

293. 存活曲线是什么?

存活曲线为生态学依照物种的个体从幼体到老年所能存活的比率，所做出的统计曲线，以存活数量的对数值为纵坐标，以年龄为横坐标作图，从而把每一个种群的死亡与存活情况绘成一条曲线，这条曲线即存活曲线。

存活曲线呈凸型，它们表示种群的大多数个体均能实现其平均的生理寿命，在到达平均生理寿命时，几乎同时死亡，在接近生理寿命前只有少数个体死亡，人类和大型哺乳动物常属此类。存活曲线呈对角线，它们表示各年龄段具有相同的死亡率，鸟类和小型哺乳动物的存活曲线接近此类。存活曲线呈凹型，它们表示幼小个体的死亡率极高，一旦过了危险期死亡率就变得很低而且稳定，鱼类和昆虫属此类。

目前我国的人均寿命约为 74 岁，未来随着医学的发展，人的平均寿命或许会继续上升，但不是所有人都能长命百岁。

294. 物种多样性是什么?

生物多样性是指在一定时间和一定地区所有物种及其遗传变异和生态系统的复杂性总称。生物多样性包括遗传多样性、物种多样性和生态系统多样性。

物种多样性是指动物、植物和微生物种类的丰富性，它是生物多样性的简单度量，只计算给定地区的不同物种数量。物种多样性的其他度量包括种群的稀有程度，以及它们具备的进化稀有特征的数量。物种的丰富程度跟纬度呈明显的反比关系，即使考虑高纬度地区地表面积减少等因素的修正，离赤道越远，物种就越稀少。与海拔也有一定的关系，如物种的垂直分布。

多样的物种提供了多样的基因组和基因储备，是珍贵的自然遗产，物种多样性是人类赖以生存的条件，是经济社会可持续发展的基础，是生态安全和粮食安全的保障。

295. 生态系统是什么?

生态系统指在自然界的一定的空间内，生物与环境构成的统一整体，在这个统一整体中，生物与环境之间相互影响、相互制约，并在一定时期内处于相对稳定的动态平衡状态。

生态系统的组成成分有无机环境、能量、生产者、消费者、分解者，其中生产者为主要成分。无机环境是一个生态系统的基础，其条件直接决定生态系统的复杂程度和其中生物群落的丰富度；生物群落反作用于无机环境，生物群落在生态系统中既在适应环境，也在改变着周边环境的面貌。

我们熟知的生态系统类别主要有森林生态系统、草原生态系统、海洋生态系统、淡水生态系统、农田生态系统、湿地生态系统、城市生态系统等。其中，最为复杂的生态系统是热带雨林生态系统，而人类主要生活在以城市和农田为主的人工生态系统中。

296. 食物链是什么?

食物链是各种生物通过一系列吃与被吃的关系彼此联系起来的序列。各种生物以其独特的方式获得生存、生长、繁殖所需的能量，生产者所固定的能量和物质通过一系列取食的关系在生物间进行传递，如食草动物取食植物，食肉动物捕食食草动物。

一条完整的食物链是由生产者、消费者和分解者共同构造的。一个物种灭绝，就会破坏生态系统的平衡，导致其他物种数量的变化，因此食物链对环境有非常重要的影响。

食物链如有一环缺失，就会导致生态系统失衡，比如，一种有毒物质被草吸收，兔子吃草后有毒物质很难排泄，当它经常吃草，有毒物质会逐渐在它体内积累，鹰吃大量的兔子，有毒物质也会在体内进一步积累。如果人类又吃了鹰的话，有毒物质会更加高度积累。从生态学的角度而言，为了自身的健康，我们应该减少取食肉食动物。

297. 生态平衡是什么?

生态平衡是指在一定时间内生态系统中的生物和环境之间、生物各个种群之间，通过能量流动、物质循环和信息传递，使它们相互之间达到高度适应、协调和统一的状态。也就是说当生态系统处于平衡状态时，系统内各组成成分之间保持一定的比例关系，能量、物质的输入与输出在较长时间内趋于相等，结构和功能处于相对稳定状态，在受到外来干扰时，能通过自我调节恢复到初始的稳定状态。

生态平衡是动态的，在生物进化和群落演替过程中就包含不断打破旧的平衡，建立新的平衡的过程。人类应从自然界中受到启示，不要消极地看待生态平衡，而是发挥主观能动性，使生态系统的结构更合理，功能更完善，效益更高。轻微的生态失衡，生态系统能通过自身的调节，恢复到平衡状态，但如果是严重的生态失衡，比如人类排放了过量的废气废物，生态系统就难以恢复到正常水平了。

298. 森林的作用是什么?

森林是陆地生态系统的主体，也是陆地上最庞大、最复杂、多物种、多功能与多效益的生态系统，森林的作用是多方面的。

森林是空气的净化物。据测定，森林中空气的二氧化硫要比空旷地少15%—50%。森林有自然防疫作用。树木能分泌出杀伤力很强的杀菌素，杀死空气中的病菌和微生物，对人类有一定保健作用。森林是天然制氧厂。据研究测定，树木每吸收44克的二氧化碳，就能排放出32克氧气。森林是天然的消声器。城市街道种上树，可消减噪声7—10分贝。

森林对气候有调节作用。森林改变低空气流，有防止风沙和减轻洪灾、涵养水源、保持水土的作用；森林有除尘和对污水的过滤作用；森林还是价值极高的自然景观资源。

299. 湿地的作用是什么?

湿地指天然或人工形成的沼泽地等带有静止或流动水体的成片浅水区，还包括在低潮时水深不超过6米的水域。湿地与森林、海洋并称全球三大生态系统，在世界各地分布广泛。湿地生态系统中生存着大量动植物，是自然界最富生物多样性的生态景观，它不仅为人类的生产、生活提供多种资源，而且具有巨大的环境功能和效益。很多湿地被列为自然保护区。

湿地在蓄水、调节河川径流、补给地下水和维持区域水平衡中发挥着重要作用。湿地还被形象地誉为“地球之肾”。湿地能减缓水流的速度，当含有农药、生活污水和工业排放物的流水经过湿地时，流速减慢，发生一系列生物和化学过程，有利于毒物和杂质的沉淀和排除，一些湿地植物像芦苇、水湖莲、菖蒲能有效地吸收有毒物质。

我国湿地面积占世界湿地的 10%，位居亚洲第一，世界第四。我国 1992 年加入《湿地公约》，国家林业局专门成立了“湿地公约履约办公室”，负责推动和执行湿地保护工作。

300. 城市生态系统是什么?

城市生态系统是城市居民与其环境相互作用而形成的统一整体，也是人类对自然环境的适应、加工、改造而建设起来的特殊的人工生态系统。按人类意愿创建的人工生态系统的主要特征是以人为核心，对外部有强烈的依赖性和密集的人流、物流、能流、信息流、资金流等。

城市生态系统是由自然系统、经济系统和社会系统所组成的。自然系统包括城市居民赖以生存的基本物质环境，如阳光、空气、淡水、土地、动植物、微生物等。经济系统包括生产、分配、流通和消费的各个环节。社会系统涉及城市居民社会、经济及文化活动的各个方面，主要表现为人与人之间、个人与集体之间以及集体与集体之间的各种关系。

生态系统服务功能的内涵包括有机质的合成与生产、生物多样性的产生与维持、调节气候、有害生物的控制、减轻自然灾害等。而在城市生命保障系统中，净化空气、调节城市小气候、减低噪声污染、降雨与径流的调节、废水废物处理和文化娱乐服务功能至关重要。

301. 自然保护区是什么?

自然保护区是指对有代表性的自然生态系统、珍稀濒危野生动植物物种的天然集中分布、有特殊意义的自然遗迹等保护对象所在的陆地、水域或海域，依法划出一定面积予以特殊保护和管理的区域。自然保护区往往是一些珍贵、稀有的动植物种的集中分布区，候鸟繁殖、越冬或迁徙的停歇地，以及某些饲养动物和栽培植物野生近缘种的集中产地，具有典型性或特殊性的生态系统；也常是风光绮丽的天然风景区，具有特殊保护价值的地质剖面、化石产地或冰川遗迹、岩溶、瀑布、温泉、火山口及陨石的所在地等。

依法划定自然保护区的意义：一是为了保留自然本底，为今后利用、改造自然提供评价标准。二是贮备物种，自然保护区是拯救濒危生物物种的庇护所。三是作为科研教育基地。目前广东的国家级自然保护区有鼎湖山自然保护区、车八岭自然保护区、内伶仃—福田自然保护区、南岭自然保护区、丹霞山自然保护区、港口海龟自然保护区、红树林自然保护区等。

302. “美丽中国”是什么?

“美丽中国”是十八大报告中出现的新名词，是针对中国国情提出的。十八大报告指出，必须树立尊重自然、顺应自然、保护自然的生态文明理念，把生态文明建设放在突出地位，融入经济建设、政治建设、文化建设、社会建设各方面和全过程，努力建设“美丽中国”，实现中华民族永续发展。

“美丽中国”是山清水秀人美的中国；是经济、政治、文化、社会与生态“五位一体”、协调发展的中国；是“既要金山银山，也要绿水青山”的中国。它代表着“山要绿起来，民要富起来，家要美起来，国要强起来”的美好愿望。同时“美丽中国”的建设，也代表着融政治、经济、环境于一体的治国理念，因为“美丽中国”代表的不仅仅是环境之美丽，其经济与社会意义也是积极而广泛的，同时也代表着政治发展与经济发展的另一种美丽。

303. 雾霾治理是什么?

雾霾是漂浮大气中的 PM2. 5 等尺寸微粒、粉尘、气溶胶等粒子，在一定的湿度、温度等天气条件相对稳定状态下产生的天气现象。

雾霾天气主要是发展方式粗放、产业结构和能源结构不尽合理造成的。雾霾治理的三个关键点：一是进行燃煤设施清洁能源改造，把污染大、产能落后的企业淘汰掉，要提高产业清洁生产和污染治理水平，推行超低排放技术。二是实行严格的新车排放标准和油品标准，严控机动车新车总量，淘汰高污染的“黄标车”和老旧车。三是多植树造林，植树造林对于调节气候、涵养水源、减轻大气污染具有重要意义。

国务院公开发布的《大气污染防治行动计划》要求，到 2017 年，全国地级及以上城市可吸入颗粒物浓度比 2012 年下降 10% 以上，优良天数逐年提高；京津冀、长三角、珠三角等区域细颗粒物浓度分别下降 25% 、20% 、15% 左右，其中北京市细颗粒物年均浓度控制在 60 微克/立方米左右。

304. PM2.5 是什么?

PM2.5 又称细颗粒物、细粒、细颗粒，指空气中直径小于或等于 2.5 微米的颗粒物。它能较长时间悬浮于空气中，其在空气中含量浓度越高，就代表空气污染越严重。与较粗的大气颗粒物相比，PM2.5 粒径小，面积大，活性强，易附带有毒、有害物质（如重金属、微生物等），且在大气中的停留时间长、输送距离远，因而对人体健康和大气环境质量的影响更大。

PM2.5 可以由硫和氮的氧化物转化而成，这些气体污染物往往是人类燃烧化石燃料造成的。细颗粒物对人体健康的危害更大，因为直径越小，进入呼吸道的部位越深。10 微米直径的颗粒物通常沉积在上呼吸道，2 微米以下的可深入到细支气管和肺泡。细颗粒物进入人体到肺泡后，直接影响肺的通气功能，使机体容易处在缺氧状态。《美国国家科学院院刊》发表研究报告称，人类的平均寿命因为空气污染很可能已经缩短了 5 年半。

305. 《寂静的春天》报告（1962 年）的意义是什么?

《寂静的春天》是一本引发全世界关注环境保护事业的书，书中描述人类可能将面临一个没有鸟、蜜蜂和蝴蝶的世界。作者是美国海洋生物学家蕾切尔 · 卡逊，于 1962 年出版。正是这本不寻常的书，在世界范围内引起人们对野生动物的关注，唤起了人们的环境意识。仅至 1962 年底，已有 40 多个提案在美国各州通过立法以限制杀虫剂的使用。曾获诺贝尔奖奖金的 DDT 和其他几种剧毒杀虫剂终于被从生产与使用的名单中彻底清除。我国的环境保护事业也是从停止沙城农药厂的 DDT 生产开始的，而后全面禁止了 DDT 的生产和使用。

后世这样评论蕾切尔 · 卡逊：“没有她，可能全世界的环保运动会延迟很多年，或者现在都还没有开始。”

今天，《寂静的春天》对世人依然有重大的警示意义。虽然 DDT 和其他剧毒农药已批禁产禁用，但化学工业并未因此而垮台，相反，新型的低毒高效农药迅速发展起来。我们的环境整体上仍在继续恶化。

306.《我们只有一个地球》报告（1972 年）的意义是什么？

《我们只有一个地球》的副标题是“对一个小行星的关怀和维护”，是一本讨论全球环境问题的著作。该书是英国经济学家 B. 沃德和美国微生物学家 R. 杜博斯受委托，为 1972 年在斯德哥尔摩召开的联合国人类环境会议提供的背景材料，材料由 40 个国家提供，并在 58 个国家 152 名专家组成的通信顾问委员会协助下完成。

“我们只有一个地球，如果它被破坏了，我们别无去处”，“科学家已经证明，至少在以地球为中心的 40 万亿千米的范围内，没有适合人类居住的第二个星球。人类不能指望在破坏了地球以后再移居到别的星球上去”。

《我们只有一个地球》希望能唤醒人们保护环境的意识。它用事实依据告诉我们，适合人类生存的星球只有地球一个，地球需要人类的精心保护，每个人都应从自我做起，从身边的小事做起，从现在做起，共同呵护我们美丽的家园。

307.《我们共同的未来》报告（1987 年）的意义是什么？

《我们共同的未来》是世界环境与发展委员会关于人类未来的报告，于 1987 年 4 月正式出版。报告分为“共同的问题”“共同的挑战”和“共同的努力”三大部分，集中分析了全球人口、粮食、物种和遗传资源、能源、工业和人类居住等方面的情况，系统探讨了人类面临的一系列重大问题。

报告鲜明地提出了三个观点：其一，环境危机、能源危机和发展危机不能分割。其二，地球的资源和能源远不能满足人类发展的需要。其三，必须为当代人和下代人的利益改变发展模式。在此基础上报告提出了“可持续发展”的概念。

报告提出的“可持续发展”模式从理论上结束了长期以来将经济与保护环境、资源相互对立的错误观点，体现了从单纯考虑环境保护到环境保护与人类发展相结合的转变，是人类为拥有共同的美好未来而必须要走的一条道路。

第十五篇 管理学是什么

308. 管理学是什么?

管理学是一门研究人类社会管理活动中各种现象及规律的学科，是在自然科学和社会科学交叉点上建立起来的综合性交叉学科。现代管理学的诞生以泰罗的名著《科学管理原理》（1911 年）以及法约尔的名著《工业管理和一般管理》（1916 年）为标志。

按照不同的研究对象，管理学细分为很多分支学科，有管理科学与工程、工商管理、农林经济管理、公共管理、教育经济与管理等。

管理学具有一般性、多科性（综合性）等特点。一般性是指管理学是从一般原理、一般情况的角度对管理活动和管理规律进行研究，是各门具体的或专门的管理学科的共同基础。多科性（综合性）是因为管理学涉及的领域十分广阔，它需要从不同类型的管理实践中抽象概括出具有普遍意义的管理思想、管理原理和管理方法。管理学与经济学、社会学、心理学等都有密切关系，是一门综合性很强的学科。

309. 计划是什么?

计划是根据社会的需要以及组织的自身能力，通过计划的编制、执行和检查，确定组织在一定时期内的奋斗目标，有效地利用组织的人力、物力、财力等资源，协调安排好组织的各项活动，取得最佳的经济效益和社会效益。

计划是对未来行动方案的说明，通常包括 5W1H，就是目标是什么（What）、讨论为什么（Why）、确定何时（When）、何地做（Where）、何人做（Who），以及如何做（How）。从过程的角度，计划工作是指制订计划、执行计划、检查执行情况三个阶段的工作过程。

计划有四个特性，一是普遍性，二是首位性，三是科学性，四是有效性。计划的首位性是因为计划先行于其他管理职能，影响和贯穿于组织、领导、协调和控制等各项管理职能当中。计划的科学性要求计划建立在科学基础上，既富有创造性，又具有可行性。计划的有效性指计划要追求效率，计划的效率，可以用计划对组织的目标的贡献来衡量。

310. 组织和组织设计是什么？

在管理学中，组织有静态和动态两层含义。从静态方面看，组织指组织结构，即反映人、职位、任务及其特定关系的群体。从动态方面看，组织是指对参与组织活动的人与事进行有效组合，决定和划分一个组织机构内各部门的职权范围，明确其相互关系，并考虑各人、各部门的利益和愿望，使之趋于一个共同的管理目标的职能过程。

组织设计是指管理者为实现组织的目标而对组织活动和组织结构进行设计的活动，指在特定环境中，把组织任务与组织职能、职权进行有效的结构性的配合。组织设计需要注意以下几点：第一，组织设计的最终目的是更好地实现组织目标。因此，组织设计只是完成目标的手段。第二，组织设计是在一定的外部环境和内部环境下完成的。内外部环境提供组织设计的必要资源，同时也对组织设计造成一定的制约。第三，组织设计的结构是组织的结构与运行规则，即对组织职位结构，组织体系部门种类、层次和各部门之间相互关系进行设计。

311. 领导和领导艺术是什么？

领导是在一定的社会组织和群体内，为实现组织预定目标，领导者运用其法定权力和自身影响力影响被领导者的行为，并将其导向组织目标的过程。

领导艺术是领导者个人素质的综合反映，是因人而异的。领导艺术主要包括：

（1）用人和用权艺术。用人的方法和艺术在领导工作中占有特别重要的位置。领导者用人的艺术主要有合理选择、知人善任、扬长避短、激励人才等。用权艺术要求规范化用权，授权艺术则要合理选择授权方式、视能授权、明确责权、适度授权等。

（2）决策艺术。包括运筹艺术，要统筹兼顾，把握关键；决断艺术，要求指令明确、决断及时。要有判断力、想象力、洞察力、应变力，要善于借用外脑他调动他人的积极性。

(3) 人际关系艺术。人际沟通上，要态度和蔼、平等待人、尊重别人、创造互信环境。处理人际纠纷时，要严己宽人、分寸得当、审时度势、讲究策略、把握主动。

312. 控制是什么?

管理中的控制职能，是指管理主体为了达到一定的组织目标，运用一定的控制机制和控制手段，对管理客体施加影响的过程。在管理中构成控制活动必须有三个条件：其一，要有明确的目的或目标，没有目的或目标就无所谓控制。其二，受控客体必须具有多种发展可能性，否则就谈不上控制。其三，控制主体可以在被控客体的多种发展可能性中通过一定的手段进行选择，否则控制也就无法实现。

控制与计划关系密切。控制是监督各项活动，保证它们按计划进行并纠正各种重要偏差的过程。没有控制，计划就是一纸空谈。

在实际管理过程中，根据不同的划分标志，可把控制分成多种类型。例如，按照业务范围可把控制分为生产控制、质量控制、成本控制和资金控制等；按照控制对象的全面性，又可分为局部控制和全面控制；按照控制作用环节的不同，将控制分为现场控制、反馈控制和前馈控制等。

313. 组织变革是什么?

组织变革是指为了提高组织成效而对现有组织进行改革的过程。组织变革的内容包括对人员的变革、对组织结构的变革、对技术与任务的变革以及对目标的变革。

组织变革的类型主要有：①战略性变革。战略性变革是指组织对其长期发展战略或使命所做的变革。②结构性变革。结构性变革是指组织需要根据环境的变化适时对组织的结构进行变革，并重新在组织中进行权力和责任的分配，使组织变得更为柔性灵活、易于合作的变革。③流程主导性变革。流程主导性变革是指组织紧密围绕其关键目标和核心能力，充分应用现代信息技术对业务流程进行重新构造的变革。④以人为中心的变革。以人为中心的变革是指组织必须通过对员工的培训、教育等引导，使他们能够在观念、态度和行为方面与组织保持一致的变革。

314. SWOT 分析是什么?

SWOT 分析法是用来确定企业自身的竞争优势、竞争劣势、机会和威胁，从而将公司的战略与公司内部资源、外部环境有机地结合起来的一种科学的分析方法。

S（Strengths，优势）、W（Weaknesses，弱势）是内部因素，O（Opportunities，机会）、T（Threats，风险）是外部因素。按照企业竞争战略的完整概念，战略应是一个企业“能够做的”（组织的强项和弱项）和“可能做的”（环境的机会和威胁）之间的有机组合。

SWOT 分析方法从某种意义上来说是企业内部分析方法，即根据企业自身的既定内在条件进行分析。SWOT 分析方法的重要贡献在于用系统的思想将似乎独立的因素相互匹配进行综合分析，使得企业战略计划的制订更加科学全面。

315. 项目管理是什么?

项目是指在规定时间内，由专门组织起来的人员共同完成的、有明确目标的一次性工作。项目管理是指对项目进行计划、组织和控制。项目管理通常涉及三个主要目标：质量、费用和进度，即以低的费用、短的工期完成高质量的项目。项目管理通常分为三个阶段：立项阶段、建设阶段和运行阶段。项目管理的方法应该是定性与定量相结合的综合集成方法，并尽可能地将定性认识上升到定量认识。

项目管理的注意事项包括项目组成立、企业风向注意、项目规划与激励、严格督促等。其中成立项目组是项目成功的第一要素，没有项目组，项目管理就无从谈起。成立项目组一般包括以下几个方面：项目背景、目标、领导组、执行组、时间表等。企业风向注意是指项目负责人具有的对公司重点工作是否发生变更所必备的高度敏感意识。

316. 团队管理是什么?

团队管理指在一个组织中，依成员工作性质、能力组成各种小组，参与组织各项决定和解决问题等事务，以提高组织生产力和达成组织目标。团队管理的好坏直接影响着企业的发展前景。

团队管理的基本要素包括：①目标一致。带好一个团队首先要把部门目标与公司目标紧密结合起来，可行地落实到团队每个成员头上，各级管理者层层分解、宣贯、检查、处置，才能形成合力，朝着目标共同前进。②激发潜能。激发团队潜能首先要着眼于团队内部的每个成员。管理者要学会尊重部下，让团队的每个人都有归属感；要善于授权，让下属有能力与权力去做事并对结果负责；要善于激励，以结果为导向，引导下属将思想、注意力集中于好的结果上。

317. 质量管理是什么？

质量管理是指在产品质量方面指挥和控制组织协调方面的活动，其结果对企业的产品和服务质量具有决定性影响。质量管理围绕产品质量形成的全过程，通过制定质量方针、质量策划、质量控制、质量保证和质量改进等措施实现最经济地生产出满足使用者要求的高质量产品的目标。

质量管理有三个基本特性：一是质量的社会性。质量的好坏不是从直接的用户，而是从整个社会的角度来评价，尤其是关系到生产安全、环境污染、生态平衡等问题时更是如此。二是质量的经济性。质量不仅要从某些技术指标来考虑，还要从制造成本、价格、使用价值和消耗等几方面来综合评价。要考虑使用上的经济合理性，使质量和价格达到合理的平衡。三是质量的系统性。质量是一个受到设计、制造、使用等因素影响的全面、复杂系统。质量管理发展到全面质量管理，是质量管理工作的一大进步。

318. 标杆管理是什么？

标杆管理法是在1979年由美国施乐公司首创，是现代西方发达国家企业最重要的管理方式之一。标杆实际上就是榜样，这些榜样企业在业务流程、制造流程、设备、产品和服务方面所取得的成就，成为后进企业瞄准和赶超的标杆。今天，标杆管理法已在各行各业广泛应用。

标杆管理法一般经过下列过程：

（1）计划。确认对哪个流程进行标杆管理，确定用于做标杆的企业，收集资料。

（2）发现与分析。了解作为标杆管理的公司，确定本企业目前的做法与标杆企业做法之间的绩效差异，拟定未来的绩效水准。

（3）整合。就标杆管理过程中的发现进行交流并获得认同，确立部门目标。

（4）行动。制订行动计划，实施明确的行为并监测进展情况。

（5）监测与评估。对革新所产生的长远结果进行定性和定量的评估，重新调校标杆。

319. 目标管理是什么？

目标管理方法是在1954年由美国著名管理专家彼得·德鲁克提出，被公认为是一种加强计划管理的先进科学管理方法。我国于20世纪80年代初开始在企业中推广，目前采取的干部任期目标制、企业层层承包等，都是目标管理方法的具体运用。

目标管理是以目标为导向，以人为中心，以成果为标准，使组织和个人取得最佳业绩的现代管理方法。目标管理亦称成果管理，俗称责任制，是指在企业个体职工的积极参与下，自上而下地确定工作目标，并在工作中实行自我控制，自下而上地保证目标实现的一种管理办法。

与传统管理方式相比，目标管理的鲜明特点有：一是重视人的因素，二是建立目标锁链与目标体系，三是重视成果。在目标管理制度下，监督成分很少，控制目标实现的能力却很强。

320. 360度考核法是什么？

20世纪80年代由爱德华、埃文等提出的360度考核法又称为全方位考核法，是常见的绩效考核方法之一，主要是通过个人、上司、同事、下属、客户等不同主体从各个角度评估被考核人，然后请外部的顾问公司来做分析、出报告交给被考核人，从而让该员工了解其工作绩效，清楚自身长处、短处与发展需求，帮助被考核人提高其业务水平和业绩。

考核的主要内容是跟公司的价值观有关的。各组人员根据对被考核人的了解来判断其是否符合价值观的相关内容，除了画圈外，再给出被考核人三项最强的方面。分析表很细致，每一项同级、上级、下级会有不同的评价，通过专门顾问公司分析从而得到对被考核人的评价结果。设计出360度，是为了避免在考核中出现人为因素的影响。这种考核是背对背的，强调这只是一种方式，最终结果重在自己的提高。

321. 绩效评价是什么？

绩效评价是组织依照预先确定的标准和一定的评价程序，运用科学的评价方法，按照评价的内容和标准对评价对象的工作能力、工作业绩进行定期和不定期的考核和评价。

绩效评价的方法种类很多，主要有关键事件法、叙述法、排列法、平行比较法、作业标准法、硬性分布法等。

关键事件法要求保存最有利和最不利的工作行为的书面记录。当这样一种行为对部门的效益产生无论是积极还是消极的重大影响时，管理者都把它记录下来，这样的事件被称为关键事件。叙述法只需评价者写一篇简洁的记叙文来描述员工的业绩。这种方法集中表现员工工作中突出行为，而不是日常每天的业绩。至于排列法，只要让评价者简单地把一组中的所有员工按照总业绩的顺序排列起来。平行比较法是排列法的一种演变。在这种方法中，将每个员工的业绩与小组中的其他员工相比较。这种比较常常基于单一的标准，如总业绩。

322. 虚拟管理是什么？

虚拟管理是网络时代的需求，是因互联网、全球化、外包、远程办公、虚拟团队等而兴起的。其团队的成员分布于不同的时间地点。

虚拟管理存在的风险首先是信任问题，因为虚拟特征团队成员很难把自己的信任寄托给一个自己看不见的“虚拟化组织”。这一风险的存在往往会引发恶性循环；投资者为回避风险，急于尽快收回投资，不惜采用短期行为；与此同时，管理层迫于投资者的压力，只有拼命压榨现有员工，而这一切又将加速员工的离开。

减少虚拟团队的不稳定因素，最理想的方法是改变员工的角色定位，把他们从“劳动者”的角色转换为“会员”的角色。“劳动者”转换为“会员”，虽然不能等同于把所有权拱手让给他们，但这一改变无疑会削减企业所有者的权力。

323. 系统工程是什么？

系统工程学是研究有关复杂信息反馈系统的动态趋势的学科。系统工程学以信息处理和计算机仿真技术等为基础，分析研究复杂系统随时间推移而产生的行为模式。

系统工程的主要任务是根据总体协调的需要，把自然科学和社会科学中的基础思想、理论、策略和方法等从横向方面联系起来，应用现代数学和电子计算机等工具，对系统的构成要素、组织结构、信息交换和自动控制等功能进行分析研究，借以达到最优化设计，最优控制和最优管理的目标。

系统工程的目的是解决总体优化问题，从复杂问题的总体入手，认为总体大于各部分之和，各部分虽较劣但总体可以优化。系统工程的基本方法是系统分析、系统设计与系统的综合评价。系统工程的应用非常广泛，如科研系统工程、环境系统工程、军事系统工程等。

324. 流程再造是什么？

流程再造是通过信息技术的运用或其他手段，对组织原有的经营程序进行根本的再思考和彻底的再设计，使其在成本、质量、服务和速度等关键指标上取得显著提高的工作设计模式。

流程再造的核心是面向顾客满意度的业务流程，而核心思想是要打破企业按职能设置部门的管理方式，代之以业务流程为中心，重新设计企业管理过程，从整体上确认企业的作业流程，追求全局最优，而不是个别最优。

企业的管理应该是流程驱动的管理，一贯实施流程管理，能适时对流程进行修正、调适。即使是管理比较得当的企业，也并不意味着它们就不需要对流程进行再造。如果客户的需求和市场发生了巨大的变化，企业的生意模式要实现根本性的变革，流程就必须要再造。

325. 精细化管理是什么？

精细化管理是一种理念，一种文化。它是社会分工精细化以及服务质量精细化对现代管理的必然要求。它是源于发达国家（日本 20 世纪 50 年代）的一种企业管理理念，它是一种以最大限度地减少管理所占用的资源和降低管理成本为主要目标的管理方式。

现代管理学认为，科学化管理有三个层次：第一个层次是规范化，第二层次是精细化，第三个层次是个性化。精细化管理是用具体、明确的量化标准取代笼统、模糊的管理要求，把抽象的战略、决策，转化为具体的、明确的发展举措，从而完成组织发展目标的管理方法。

精细管理的本质意义就在于它是一种对战略和目标分解细化和落实的过程，是让企业的战略规划能有效贯彻到每个环节并发挥作用的过程，同时也是提升企业整体执行能力的一个重要途径。

第十六篇　文艺学是什么

326. 文艺学是什么?

文艺学是研究文学及其规律的科学。它是文学实践的理论总结，又受到文学实践的检验和修正，并给文学实践以指导。文艺学有三个主要组成部分：文学理论、文学史、文学批评。这三个部分紧密联系、互相包容，组成一个有机整体。

文艺学的研究对象十分广泛，比如民间文艺学，就是研究人民群众创作和传承的口头文学的学科。它的主要任务是对各类民间文学作品进行理论的探索和阐明，或对它理论的历史进行清理和论述。文学艺术学研究并不局限于文学领域，而是延伸到影视艺术、舞台表演艺术等领域。

生态文艺学是一门新兴学科，着重从生态的角度重新阅读古往今来的文学作品，旨在使人类建立强烈的生态观念和忧患意识。

327. 欧洲文艺复兴的人文主义思想是什么?

14 至 16 世纪西欧的文艺复兴，是在人文主义思潮的影响下展开的。人文主义又称人道主义或人本主义，作为新兴资产阶级的世界观和人生观，是文艺复兴运动的指导思想。人文主义的基本内容是提倡“人道”，反对“神道”；提倡个性解放，反对宗教桎梏和禁欲主义；肯定人性和人的价值，要求享受人世的欢乐，提倡人的个性解放和自由平等，要求把人从宗教束缚中解放出来。

文艺复兴运动对当时的自然科学、哲学、文学、艺术、教育甚至生活方式都产生了广泛而深刻的影响，使文学、艺术、自然科学、哲学都获得了新生，并空前繁荣，产生了但丁、拉伯雷等著名诗人和文学家；拉斐尔、达·芬奇等杰出艺术家；哥白尼、伽利略等伟大的科学家；佛兰西斯·培根等卓越的哲学家。人文主义精神在这时期的绘画、戏剧、文学等创作领域都有充分体现。

328. 拜占庭艺术是什么?

拜占庭艺术是5世纪到15世纪中期在东罗马帝国发展起来的。东罗马帝国被土耳其人灭亡后，拜占庭的艺术继续在希腊、巴尔干半岛和俄罗斯等地流行。镶嵌画和壁画取代雕刻，成为教堂的主要装饰艺术。

作为拜占庭帝国和基督教会相结合的官方艺术，其思想内容是崇拜帝王和宣扬基督教神学，为巩固贵族阶级的统治服务。风格特征是罗马晚期的艺术形式和东方艺术形式相结合，融合了古典艺术的自然主义和东方艺术的抽象装饰特质。如圣索非亚教堂的中央圆顶形的结构及其内部金碧辉煌的装饰，反映了政教合一的精神统治的权威。

除了教堂建筑、圣像画、镶嵌画、壁画、细密画，拜占庭人的精雕细琢还运用于手工艺品制作中，产生了大量的艺术珍品，种类涉及丝绸、象牙雕刻、金银制品、珠宝装饰等。

329. 巴洛克艺术是什么?

巴洛克艺术产生于16世纪下半期，盛期是17世纪。进入18世纪，除北欧和中欧地区外，其他地区逐渐衰落。它最早产生于意大利，意大利艺术大师贝尼尼和佛兰德斯画家鲁本斯的作品反映了17世纪巴洛克艺术最辉煌的成就。贝尼尼是意大利巴洛克风格中最著名的雕刻家、建筑家、画家。意大利的卡拉瓦乔也是巴洛克绘画的先驱。

这一时期，正是资产阶级兴起，君主政治逐渐独立于宗教之外，自然科学在伽利略、牛顿等人的开创下展开的时期，巴洛克艺术的趋势是世俗化。

巴洛克艺术打破理性的宁静和谐，具有浓郁的浪漫主义色彩，注重艺术家的丰富想象力。它还特别关注作品的空间感和立体感，强调动感和不规则。

除了建筑、雕塑和绘画之外，巴洛克家具无疑是巴洛克艺术最市民化的一种表现形式了。复杂的雕刻、名贵材料的大量使用，使得巴洛克家具成为世界三大家具代表之首。

330. 洛可可艺术是什么?

洛可可艺术是18世纪最时髦的艺术，它是一种纤巧、华美、富丽的艺术风格或样式，体现精致、细腻和表面上的感官刺激为追求，它反映出当时上流贵族的审美理想和趣味。洛可可的艳情艺术主宰了18世纪前半期，18世纪后期逐渐被新古典主义艺术风格替代。

洛可可风格的绘画以上流社会男女的享乐生活为对象，喜欢描写全裸或者半裸的妇女和精美华丽的装饰，配以秀美的自然景色或精美的人文景观。

有人说，没有中国瓷器就没有欧洲洛可可。这说法虽然夸张，却从一个方面说明洛可可艺术受到了东方庭园、花鸟纹样的艺术影响，很多画家从中国丝绸、瓷器、漆器、家具的图案与造型中获得灵感。

洛可可服饰的奢华风格影响深远。《绝代艳后》《茜茜公主》《加勒比海盗》等电影中女主角的穿着，都是新式洛可可服装。

331. 印象主义是什么？

印象主义风格是印象派画家在绘画中形成的艺术特色。于19世纪70年代在法国出现的印象派，革新了19世纪之前逼真再现对象的表现手法和固有色的色彩观念，开启了西方现代艺术的大门，具有划时代的历史意义。

印象派提倡到户外对景作画，捕捉瞬间的光线和色彩，忽略物象轮廓的具象描绘，用意象手法表现对象。注重画家对所画对象的直观感受，在艺术表现手法上自创一派，形成独特的艺术风格。

印象派艺术大师有马奈、莫奈、毕沙罗、西斯莱、雷诺阿、德加等，他们创作出大量至今仍令人耳熟能详的经典巨制，如马奈的《草地上的午餐》、莫奈的《日出·印象》等。印象主义和其后的后印象主义，深深影响了20世纪的艺术，特别是野兽派和表现主义。

332. 表现主义是什么？

表现主义是现代重要艺术流派之一。20世纪初流行于德国、法国、奥地利、北欧和俄罗斯。表现主义艺术强调表现艺术家的主观感情和自我感受，而导致对客观形态的夸张、变形乃至怪诞处理的一种思潮，它是20世纪初西方社会文化危机和精神错乱的反映。

19世纪末，出现了象征主义和现代风格混杂的第一次表现主义运动，先驱代表画家有凡·高等，他们通过一些情爱的和悲剧性的题材表现出自己的主观主义。20 世纪表现主义的主要基地是德国，这决定于德国的社会现实，同时受到尼采的主观唯心主义哲学、弗洛伊德的精神分析学说和斯泰纳的神秘主义的影响。

表现主义开端于绘画，后来发展到音乐、电影、建筑、诗歌、小说、戏剧等领域。

333. 野兽派是什么?

野兽主义是自 1898 年至 1908 年在法国盛行的现代绘画潮流。野兽主义承继后印象主义凡·高、高更、塞尚等人的探索，吸收了东方和非洲艺术的表现手法，热衷于运用鲜艳、浓重的色彩，画家往往用直接从颜料管中挤出的颜料，以直率、粗放的笔法，创造强烈的画面效果，充分显示出追求情感表达的表现主义倾向。

野兽派得名于 1905 年巴黎的秋季沙龙展览，当时，以马蒂斯为首的一批前卫艺术家展于同一层厅的作品，引起轩然大波。有人形象地将这些画描述为“一罐颜料掼在公众的面前”。马蒂斯与毕加索一起被视为 20 世纪法国画坛上的两位最重要的艺术家。马蒂斯的画多以女人为主题，《奢侈·静寂·逸乐》和《裸妇》是其代表作。

野兽派把色彩带入 20 世纪当代摄影的艺术中，完成了色彩的解放。野兽派的流派特征，源于对自然的率真，对艺术创造上的独特方式和作品中所蕴含的顽强生命力。野兽主义自 1905 年发端到 1908 年逐渐消沉，尔后为立体主义所取代。

334. 立体主义是什么?

科学证明，人的眼睛在观察一个物件时，并非将焦点定在一处不动。人的眼睛通过在物件上不停地游走获取其每一部分的细节，同时通过大脑将这些局部的片段组合整理为完整的形象。立体主义就将这观察的时间性灌注于艺术之中，建立起空间与实践的结构。建立这一结构的主要手段即为“解构”。将原本完整的具体形象分解为若干片段，将它们组织在画面中，形成新的、他们所认为真实的内在结构。这就是立体主义流派。

第一幅真正的立体主义作品是毕加索的《亚维农少女》。毕加索在这幅划时代的作品中彻底简化了人体的形态，人物形象就像是用斧子砍削过，由此减少了身体的体积。他甚至把脸部画成纯粹的平面，也就是既画成正面脸又画成侧面脸。这种被“翻转”成平面的脸后来在他几乎各个时期的作品里再三出现。

335. 达达主义是什么?

达达主义是20世纪西方文艺发展历程中的一个重要流派，是第一次世界大战颠覆、摧毁旧有欧洲社会和文化秩序的产物。

达达主义者认为“达达”并不是一种艺术，而是一种“反艺术”。无论现行的艺术标准是什么，达达主义都与之针锋相对。由于艺术和美学相关，于是达达主义干脆就连美学也忽略了。传统艺术品通常要传递一些必要的、暗示性的、潜在的信息，而达达主义者的创作则追求“无意义”的境界。对于达达主义作品的解读完全取决于欣赏者自己的品位。达达主义主张将艺术作品下放到日常用品的地位，艺术家们将各种不同的因素完全有机地组合在一起，木块、石块、头发、鞋带、碎布、羊毛、相片和报纸等一切日常生活里可以找到的东西都是创作的材料。

马塞尔·杜尚是纽约达达主义团体的核心人物，他出生于法国，1954 年入美国籍。“现成品”是杜尚对于艺术史做出的重要贡献。

336. 波普艺术是什么?

波普艺术在20世纪50年代初萌发于英国，50年代中期鼎盛于美国。波普为Popular的缩写，意为流行艺术、通俗艺术。“波普艺术”一词最早出现于1952年至1955年，由伦敦一批青年艺术家首创。他们认为公众创造的都市文化是现代艺术创作的绝好材料，面对消费社会商业文明的冲击，艺术家不仅要正视它，而且应该成为通俗文化的旗手。

美国波普艺术的出现略晚于英国，在艺术追求上继承了达达主义的精神，作品中大量运用废弃物、商品招贴、电影广告、各种报刊图片作拼贴组合，故又有新达达主义的称号。它反映了战后成长起来的年轻一代的社会与文化价值观，力求表现自我，追求标新立异的心理。

波普艺术对流行时尚有持续且长久的影响力。今天不少服装设计、平面设计师都直接或间接地从波普艺术中获得灵感。

337. 超现实主义是什么?

超现实主义是在法国开始的文学艺术流派，源于达达主义，它对视觉艺术影响深远。超现实主义在 1920 年至 1930 年盛行于欧洲文学界及艺术界中，主要特征是以所谓“超现实”“超理智”的梦境、幻觉等作为艺术创作的源泉，认为只有这种超越现实的“无意识”世界才能摆脱一切束缚，最真实地呈现客观事实。它受弗洛伊德精神分析影响，致力于发现人类的潜意识心理，呈现人的深层心理中的形象世界，尝试将现实观念与本能、潜意识与梦的经验相融合。

超现实主义画派从达达派而来，同时还受 19 世纪浪漫主义与象征主义的影响。其代表人物萨尔瓦多·达利是一位具有非凡才能和想象力的艺术家，与毕加索、马蒂斯一起被认为是 20 世纪最有代表性的三个画家。他的作品把怪异梦境般的形象与卓越的绘图技术令人惊奇地混合在一起。

338. 魔幻现实主义是什么?

魔幻现实主义文学是 20 世纪 50 年代前后在拉丁美洲兴盛起来的一种文学流派，主要表现在小说领域。魔幻现实主义作品运用典型的魔幻现实主义表现手法，揭露社会弊端，抨击黑暗现实，反映具有鲜明拉美特色的现实生活。魔幻现实主义激发拉美文学空前发展，出现了被称为“文学爆炸”和“文学地震”的繁荣景象。

哥伦比亚作家加西亚·马尔克斯于 1967 年出版的长篇小说《百年孤独》是魔幻现实主义的代表作。加西亚·马尔克斯凭借《百年孤独》获 1982 年诺贝尔文学奖，奠定一代文学宗师地位。

从二十世纪八九十年代起，马尔克斯的魔幻现实主义成为一种让我国作家不断提起并重复模仿的奇特景观。事实上，在很多作家的小说中都能寻到马尔克斯的影子，如陈忠实的《白鹿原》、余华的《兄弟》等。

339. “垮掉的一代”是什么?

在西方文学领域，“垮掉的一代”被视为后现代主义文学的重要分支，是“二战”后风行于美国的文学流派。从文学史的角度看，“垮掉的一代”是“二战”后后现代主义文学最具影响力的流派之一，对20世纪文学的发展做出了巨大的贡献。

“垮掉的一代”被文化研究学者们看作是第一支真正意义上的后现代“亚文化”。他们对主流文化的态度和观点影响了后世人们对文化的理解。

我国读者最早接触到“垮掉的一代”，应该是在诗歌界。20世纪80年代我国地下诗歌运动多少受过金斯伯格《嚎叫》的影响。80年代中期兴起的“后朦胧诗”颠覆了朦胧诗的抒情和意象艺术，它采取反文化、反英雄的文化姿态，创造了一种平民化、口语化和情节化的诗歌风格。

340. 黑色幽默是什么?

黑色幽默是产生于20世纪60年代美国的一个现代主义文学流派，它以存在主义哲学为思想基础，与法国的荒诞派戏剧相呼应，是一种荒诞的、变态的、病态的文学流派，把痛苦与欢笑、荒谬的事实与平静得不相称的反应、残忍与柔情并列在一起的喜剧。由于人数众多的作家和丰富多彩的小说作品，黑色幽默成为现代主义中非常有影响的一支流派。现在，黑色幽默已不局限于文学，在艺术和电影等范畴，黑色幽默都成了一种非常重要的流派。

黑色幽默与一般幽默的不同地方在于，它的荒诞不经、冷嘲热讽、玩世不恭之中包含了沉重和苦闷、眼泪和痛苦、忧郁和残酷，因此，在它的苦涩的笑声中包含着泪水，甚至愤怒。后来，人们通常是在这个意义上使用“黑色幽默”这个词。

黑色幽默小说的代表作家有约瑟夫·海勒等，其代表作是《第二十二条军规》。

第十七篇　民俗学和文化学是什么

341. 民俗学是什么?

民俗学是一门研究民间风俗、习惯，兼具人文科学与社会科学性质的交叉学科。民俗学产生于19世纪的欧洲，在英国通过工业革命成为新兴的资产阶级国家后，它的社会文化和风俗习惯与过去以农牧业为主的封建社会的形态有很大区别，这使得许多学者在科学上寻求解释。而“民俗学”这个词真正到1846年才由英国考古学家汤姆斯首先提出，它的早期含义是指民众的知识或学问，内容包括传统的风俗习惯、信仰、民间故事、歌谣等。

民俗学研究的范围很广，研究对象主要是现代社会中的民俗事宜，如我国的农历新年、元宵节、中秋节、冬至、除夕等，甚至每个人的诞辰、成年仪式、丧葬仪式都是民俗现象。作为民众知识的科学，它探讨民众的生活形态包括衣食住行等，以及思想、行为、仪式、活动的记录与形成。

342. 信仰是什么?

“信仰”在《汉语大辞典》的解释有两种：作为动词，是指对某人或某种主张、主义、宗教极其相信和尊敬，并用之作为行动的榜样。作为名词，指的是信奉的宗教、主义、学说。

信仰大致可以分为四类：原始信仰、宗教信仰、哲学信仰和政治信仰。原始信仰包括各种原始崇拜、巫术、远古神话，比如生殖崇拜、图腾崇拜等。宗教信仰属于人类的精神生活，是对某种超自然的、神圣的信条或教义有坚定信念的精神。哲学信仰指的是对哲学理论的尊崇，比如中国儒家思想中的“仁”是古典人道主义的信仰，“孝”是传统道德情感的信仰等。政治信仰是对既定的政治形态的价值认同，是对政治的终极关怀。

信仰是个人的意识行为，是一种灵魂式的爱，是人类最基本的一种情绪。信仰能使个体确立人生意义和价值标准，它也成为个体毅然前行的巨大动力。

343. 民间故事是什么?

民间故事是远古时代流传至今的，由民众口头创作和传播的带有虚构内容的散文叙事作品。广义上包括神话、传说和故事三种体裁，狭义上主要是民间幻想故事、民间生活故事、民间笑话和民间寓言等。故事的内容是生活化的，带有一定的想象和艺术虚构，曲折生动，但是情节贴近生活，立足现实，无论是情节还是人物都符合一定的生活逻辑。

民间故事是一种集体创作，代代口耳相传，在主题、情节、人物上有明显的类型化倾向。作为一种通俗的艺术形式，它是民众休闲生活的一部分，许多故事对人们有一定的教育意义，塑造了善良、勤劳、勇敢的人物形象，教人们去认识世间善恶美丑。

344. 歌谣是什么?

歌谣是民众创作的可以歌唱或吟诵的短小、抒情性的韵文作品，它伴随民众的劳动生活产生，表达了人民的思想感情和愿望。歌谣具有曲调和韵律，可以用来演唱或吟诵，演唱时常伴着舞蹈。歌谣是融诗、乐、舞为一体的艺术，是民众喜闻乐见的一种艺术形式。

我国地域辽阔，歌谣种类繁多，形式多样，大致可分为情歌、生活歌、劳动歌、仪式歌、时政歌和儿歌六类。关于歌谣的起源，主要有劳动说和宗教说，人们在劳动中一边唱歌，抒发心中的感情，鼓舞劳动，另外原始民族对于神明的敬仰，歌颂神明也是歌谣的起源之一。

345. 谚语是什么?

谚语是人们日常生活中口头流传的具有深刻含义，通俗而精辟的定型化语句。古人常说的“俚语”“俗语”“俗谚”“常言”大多指谚语。谚语形式上具有口语性，这区别于格言和成语。

谚语形式精练，语句简短，却浓缩了很深厚的意味，例如“车到山前必有路，船到桥头自然直”。谚语大多意味深长，作为民众集体智慧的结晶，它包含深刻的道理，耐人寻味，例如“三十年河东，三十年河西”就蕴含了世事变化、盛衰无常的道理。另外，谚语表述巧妙，多运用比喻、拟人、夸张、对偶等修辞，读起来朗朗上口，易于传诵。

我国谚语数量庞大，种类繁多，表达了人们生活中的感受，其蕴含的事理也容易引起人的共鸣，富有感染力，常被引用为说理时的依据。

346. 除夕是什么?

年三十是旧年的最后一天，又称除夜、大年夜。“除夕”之名由来已久，《吕氏春秋·季冬纪》说：“前岁一日，击鼓驱疫疠之鬼，谓之逐除，亦曰傩。”意思是本年的最后一天，要击鼓驱鬼，这种驱鬼的形式叫作傩。民国时期称除夕前一日为小除，除夕为大除。

除夕的早晨，人们要清扫屋子，置备新器具，穿上新衣服，贴春联。可以说，除夕的一切活动都是围绕辞旧迎新，消灾祈福来运转的。而除夕当天最热闹的时候在晚上，傍晚时便要准备祭祖，祭祖过后一家人围坐在一起吃年夜饭，也叫团圆饭，寓意一家团圆合满。饭后，长辈便要给小辈们压岁钱。除夕的最后一项活动是守岁，守岁要火，火光旺则预示五谷丰登，人丁兴旺。直到午夜，家家户户开门放爆竹，人们在爆竹声中迎来新的一年。

347. 中国传统农历新年（春节）是什么?

春节，俗称大年，古代又称元旦、正旦、元月或三元日，因为它是一年里的第一个朔日，故又称为元朔，一般是从农历十二月初八（腊八）开始，到正月十五元宵节结束。春节是中国最盛大的传统节日，人们在辛苦一年后会在这段时间里进行庆祝，祈盼来年丰收。

“过了腊八便是年”，从进入十二月开始，人们便着手准备年货。新年新气象，一切都是新的。开门迎喜神，邻里亲戚拜年讨吉利话。我国各地风俗习惯不同，庆祝的方式也不尽相同。关于吃食，北方人吃饺子，饺子状如元宝，寓意“招财进宝”；南方人吃年糕，年糕谐音“年高”，寓意“年年高升”。春节这段时间里，人们会举行各种各样的活动，例如开展“舞龙灯”等活动来欢庆新年，热闹非凡，寄予了人们对未来的美好祝愿。

348. 元宵节是什么?

“元”，即开始，一年之始为元月；“宵”，即夜；“元宵”指的是一年中第一个月圆之夜。

元宵节也称灯节，这一天的主要活动是放灯、观灯，即闹花灯。猜灯谜也是传统活动之一。灯节放灯之后是放烟火的娱乐活动，其他活动还有社火，是节日期间扮演的各种杂戏。

元宵节的风味小吃是汤圆，汤圆来源于一个传奇的故事。汉武帝的文人东方朔为帮助一个擅长做汤圆的宫女元宵离开皇宫见父母一面，骗汉武帝说长安将在正月十五遭火灾。汉武帝连忙向东方朔问计，这个文人说城内要张灯结彩佯装大火，宫内之人要出宫避难，并且要上供火神爱吃的汤圆，而宫中擅长做汤圆的元宵姑娘可以教百姓。于是，正月十五的夜晚，到处张灯结彩放焰火，人们虔诚供奉汤圆。为了纪念元宵姑娘，就把汤圆改称元宵，把正月十五叫作元宵节。

349. 清明节是什么?

清明节是我国传统的祭祀节日，为每年公历 4 月 5 日前后。它是二十四节气之一，是唯一个节气兼节日的民俗大节，起初是与农事活动密切相关联的一般节令，提醒农民进行春耕春种。清明节与寒食节时间接近，渐渐地就合二为一了。寒食节期间人们禁火冷食，扫墓等活动也变成了清明的习俗。

关于寒食节禁火冷食的习俗，相传是为了纪念春秋战国时期的介子推，每年的这一天，禁忌烟火，只吃寒食。

如今，清明期间人们在扫墓祭祖，表达对祖先的思念之情。早春三月，万物复苏的清明时节，踏青赏春、荡秋千、拔河、放风筝等丰富的活动也成了主要的民俗活动。人们在悼念祖先之余，也在自然中释放心情。

350. 母亲节是什么?

母亲节这个节日最早出现在古希腊，用以表达对希腊众神之母瑞亚的崇拜。现代的母亲节起源于美国，为了表示对母亲的尊敬和感谢，后来慢慢发展成一个国际性的节日，时间定于 5 月 11 日。各国庆祝母亲节的时间有所不同，包括我国在内的国家把每年五月的第二个星期天定为母亲节。

母亲们通常会在母亲节这天收到礼物，康乃馨被视为母亲花。白色的康乃馨象征对母亲纯洁的爱意和真挚的谢意，黄色的康乃馨象征感恩，粉色的康乃馨带有祈祝母亲永远年轻漂亮的心愿，而红色的康乃馨则象征热情、美好和永不放弃，有祝愿母亲健康长寿之意。因此，一般给去世的母亲送白色康乃馨，给在世的母亲送红色的康乃馨。

351. 端午节是什么?

农历五月五日是端午节，端，是“开端”“初”的意思，午，通“五”，端午又称端阳、重五或重午。关于端午节的起源，主要有三说：一说是为了预防瘟疫，人们采用各种巫术来辟邪。二说是起源于龙图腾。四五千年前，居住在江南的吴越民族，不断受到洪水和虫害的威胁，于是每逢农历五月初五，人们就举行盛大的祭祀活动，划龙舟，往水里扔食物，希望获得龙的保佑。三说是为了纪念屈原。

端午这天，家家户户吃粽子，在门上悬挂艾叶和菖蒲，据说艾叶和菖蒲是传统草药，有辟邪和驱除瘟疫的功效。此外，人们还在香囊里装入朱砂、雄黄、香药等用来佩戴，起驱邪和提神的作用。这一天喝雄黄酒也是为了解毒杀虫。端午的另一项重要活动是赛龙舟，赛龙舟是一项历史悠久的水上竞技活动。

352. 中秋节是什么?

中秋节是我国传统的节日，节期是每年农历的八月十五，这一天恰好是三秋之半，所以叫“中秋”，又叫“仲秋节”“秋节”“八月节”。因为寄托人们月亮满圆时团圆的愿望，也称“团圆节”。

中秋节有许多与月亮有关的美丽传说，嫦娥偷服西王母的不老神药，奔月成仙，人们在这一天拜月以祈求吉祥。吴刚震怒玉帝，常年在月宫伐桂，因此中秋有赏桂花、饮桂花酒的习俗。

中秋主要的习俗是拜月，在香案上摆上月饼、西瓜、苹果、葡萄等，祭拜之后分食月饼。人们也在这一天赏月，猜灯谜、玩花灯、观潮、赏桂花等，中秋习俗十分丰富多彩。

中秋节象征着家庭团圆幸福，“月是故乡明”，月自古寄托了中国人的传统观念和情感。

353. 重阳节是什么？

每年农历的九月初九是我国传统节日，重阳节，又叫“登高节”“茱萸节”“菊花节”。古人认为，《易经》中把“六”定为阴数，把“九”定为阳数，又因为“九”在个位数中最大，所以“九”为最高，又因农历九月初九日月并阳，两九相重，所以叫重阳，也叫重九。

重阳时人们佩茱萸、饮菊花酒，茱萸味香浓郁，可以驱虫去湿，治风寒，菊花又可清火去毒，因此可以避免灾祸。此外，古人还登高宴饮，祈福求寿，文人雅士也写下了许多不朽的诗篇，流传至今。重阳节的竞技活动有很多，其中骑马射箭是重要的竞技习俗。在饮食上，重阳食糕，因为“糕”和“高”同音，寓意着吉祥和步步登高。

由于九九和“久久”同音，因此在今天重阳节也被赋予了长寿长久的祝愿。敬老爱老，是重阳节美好的节日寓意。

354. 冬至是什么？

冬至，本是二十四个节气中的一个节气，时间在阳历 12 月 21 日至 23 日间。这天白昼最短，夜晚最长，气候寒冷，所以称为“冬至”，即冬天到来的意思。又称为“长日”“长至”和“冬节”。

冬至是一年中很重要的节日，所谓“冬至大如年”。因为冬至早于年节，饮食丰饶，并且有酒肉馈赠亲友，所以更有“肥冬瘦年”的说法。冬至有其独特丰富的节俗活动，老百姓不仅要祭祖，还有祀天仪式。冬至是中国传统的敬老节，有妇女“献履供袜，礼拜尊长”的风俗；另外，它还是尊师节，学生在前一日做好准备，在冬至这天宴请老师。而拜贺的范围除了祭祖、拜师、礼奉尊长之外，还包括乡里社会的人际网络。

冬至一过，时令就接近腊月。从腊八节起，就进入我国传统意义上的过年了。

355. 文化是什么？

“文化”一词，在中文里的原意是“人文化成”，来自《易传》“观乎人文，以化成天下”一语，其意义在鼓励人们发挥人文素养，提升道德精神，发扬艺术创造，进而以这些人文的成就来教导民众、转化世俗，使之成为有文明而尊重人性的社会。19世纪末期，西方思想传来，翻译者把“文化”一词用来翻译英文的Culture一词。“Culture”一词来自拉丁文，其意含有栽培、培养。后来“栽培、培养”的意思转而指教育，指训练人类本身使之脱离自然本能的阶段，成为有素养、有修养的人，其教化的含义十分明显。

通常地说，文化包括物质文化、制度文化和心理文化三个方面。物质文化是指人类创造的物质文明，包括交通工具、服饰、日常用品等，它是一种可见的显性文化；制度文化和心理文化分别指生活制度、家庭制度、社会制度，以及思维方式、宗教信仰、审美情趣等，它们属于不可见的隐性文化；心理文化主要是人类所创造的精神财富，包括宗教、信仰、风俗习惯、道德情操、学术思想、文学艺术、科学技术、各种制度等。

广义的文化，既着眼于人类与生命系统，又着眼于人类社会与自然界的本质区别，其涵盖面非常广泛，故又被称为大文化。随着人类科学技术的发展，人类认识世界的方法和观点也在发生着根本改变，对文化的界定也越来越趋于开放性和合理性。

356. 文化多样性是什么?

联合国教科文组织《保护和促进文化表现形式多样性公约》中，“文化多样性”被定义为：文化在不同的时代和不同的地方具有各种不同的表现形式。

对人类来说，文化多样性就像生物多样性对维持生物平衡那样必不可少，从这个意义上讲，文化多样性应当从当代人和子孙后代的利益考虑予以承认和肯定。倡导文化多样性应遵循的原则是既保持各民族文化差异和平等竞争的权利，又维护文化互动交流、自由创造的权利。具体对我国来说，尊重文化多样性，是既要热情地欢迎世界各国优秀文化在中国的传播，吸收各国优秀文明成果，又要更加主动地推动中华文化走向世界，增强中华文化国际影响力。

文化多样性不仅体现在人类文化遗产通过丰富多彩的文化表现形式来表达、弘扬和传承的多种方式，也体现在借助各种方式和技术进行的艺术创造、生产、传播、销售和消费的多种方式。

357. 地域文化是什么？

地域文化是指文化在一定的地域环境中与环境相融合打上地域烙印的一种独特文化，具有独特性，例如中国文化、阿拉伯文化、欧洲文化等。地域文化的形成是一个长期的过程，它是不断发展、变化的，但在一定阶段具有相对的稳定性。

地域文化的独特性充分表现在方言、饮食、民间建筑、民间信仰、地理环境等方方面面，例如我国的八大菜系，就是一定区域内饮食文化由于地域差异而形成的自成体系的烹饪技艺和风味。由于区域地理条件的不同，形成独具特色的民间建筑，如福建土楼，黄土高原的窑洞。广州的骑楼建筑也是岭南民居的一道独特景观，由于骑楼街可让行人在其间行走时避风雨、防日晒，特别适应岭南亚热带的气候条件。

358. 岭南文化是什么？

岭南文化是岭南人民在长期的社会实践中创造的物质文化和精神文化的总和。岭南文化主要包括广府文化、潮汕文化、客家文化、雷州文化、桂系文化和海南文化。

岭南文化有重商性，珠江三角洲一带在历史上就是商业贸易发达地区，直到今天这一带仍是我国市场经济最为发达的地区之一。

岭南文化是开放兼容的文化，它在和外来文化的碰撞中，兼容并蓄，融贯了中西文化特色。岭南文化中具有开拓进取的创新精神，近代的岭南是中国思想文化的中心，涌现出洪秀全、康有为、孙中山、梁启超等一大批思想家、政治家。

岭南文化有丰富的文化内涵，体现在文学、艺术、民俗、医学等各方面。文学艺术上岭南画派、粤剧、潮剧、客家山歌等独树一帜，形成了多姿多彩的岭南文化。

359. 广府文化是什么？

广府文化是岭南文化中个性最鲜明，影响最广的民系文化，它是使用粤语方言地区的汉族族群的文化。经考证现今的肇庆市封开县是“广府首府”，也是

"广府文化"发祥地。汉武帝平定南越后设立广信，广府文化由此发源。

广府文化有着丰富的文化内涵。粤方言是广府文化的一个重要组成部分，粤剧是广东流行最广、影响最大的地方戏曲剧种，唱腔多样。广州的饮食文化享誉海内外，粤菜是中国的四大菜系之一。粤绣、广彩、广雕是广府手工艺术的代表。广府民居最有特色的是西关大屋、骑楼及碉楼，《七十二家房客》取景地就是广府的西关大屋。节俗上广府的花市热闹非凡，游艺民俗舞龙、舞狮等极具特色，竞技性项目有南拳和赛龙舟。

360. 潮汕文化是什么?

潮汕文化是在潮汕地区（以现在的汕头、潮州、揭阳三市为中心）的自然环境影响下，由讲潮汕话的民系所创造的物质文化和精神文化。潮汕文化是古代潮州土著文化、中原文化和海外文化相融合而产生和发展的文化。潮州民系是在本地土著和外地移民影响、碰撞、融合而发展形成的。

潮汕文化有丰富的内容，多神崇拜是潮地的地方特色。潮汕风俗包括丧葬习俗、出花园、行彩桥等。饮食文化主要包括潮菜和工夫茶，潮菜有重视海鲜、清淡鲜美、佐食调料、点心配搭等特点。工夫茶是潮汕文化不可或缺的内容，工夫茶器具灵巧、方式方法精致、物料精绝、礼仪周全。

361. 客家文化是什么?

客家文化是指客家人共同创造的物质文化与精神文化的总和，客家文化既继承了古代正统汉族文化，又融合了南方土著文化，加上长期居住在丘陵的环境影响，形成了独具一格的文化特色。

客家话是汉民族中最具稳定性的方言，客家人具有浓厚的家族观念，客家传统民居有大宗族居住的大围楼屋、普通家族居住的围龙屋、适合潮湿山区的走马楼、中西合璧的联芳楼等。

客家人崇文重教，客家文化特色体现在语言、戏剧、音乐、舞蹈、工艺、民俗、建筑、饮食等方面。客家戏剧有汉剧、提线木偶戏等。客家山歌也是客家文化的重要代表。传统客家菜注重"香、味"而不太重视"色、形"，体现出客家民性朴实的特点。

362. 雷州文化是什么？

雷州文化泛指形成、发育于雷州半岛，并辐射周边地区的一种地域文化。雷州文化有四五千年的历史演进和自北向南的空间拓展，融合了包括荆楚、俚僚、闽南、中原汉、广府、客家、海外等一系列文化，雷州话是方言主体。

雷州文化具有热带海洋特质，崇尚自然、朴实无化，兼备海陆文化。雷州饮食文化取材于海陆，讲究时令，突出原汁原味。

雷州半岛的佛教文化昌盛，它不仅是广东佛乐中心之一，还是佛像雕塑艺术中心之一。雷州有各种民间信仰和传说，其中最主要的有妈祖崇拜、雷神崇拜等。这里有各种群众性游神，比如雷祖诞游神、妈祖诞游神、吴川飘色等。

363. 中华民族多元一体格局是什么？

“中华民族多元一体格局”是已故著名社会学家和人类学家费孝通先生提出来的，系统阐述了中华民族多元一体格局的形成和发展。所谓“多元”，是指中华民族不是单一的民族，而是由56个兄弟民族所组成的。所谓“一体”，是指56个民族已结合成相互依存的、统一而不能分割的有机整体，这个整体是在历史中逐步形成和完善的。

中华民族多元一体理论包含如下几方面的内容：第一，中华民族并不是简单地把56个民族加在一起的总称，而是描述56个民族已结合成相互依存的、统一而不能分割的整体。第二，在形成多元一体格局的过程中，汉族既是多元基层中的一元，同时在多元结合成一体过程中起着发挥凝聚的作用。第三，不同层次可以并存不悖，甚至在不同层次的认同基础上可以各自发展原有的特点，形成多语言、多文化的整体。

364. 世界遗产是什么？

世界遗产包括世界文化遗产和世界自然遗产。联合国教科文组织《保护世界文化和自然遗产公约》中指出，世界遗产是被联合国教科文组织和世界遗产委员会确定的、人类罕见的而目前无法替代的财富，是人类公认的具有突出意义和普世价值的文物古迹与自然景观。将对整个人类有特殊意义的文物古迹、风景名胜、自然风光及自然景观列入《世界遗产名录》。截至 2015 年 7 月，世界遗产已达1 031处，其中文化遗产 802 处、自然遗产 197 处、自然与文化双遗产 32 处。

入选世界遗产必须要满足两个条件：一是具有突出意义与普世价值；二是遗产真实性、完整性及相关保护和管理，即必须有相关的管理机构、制定法律规章和有配套保护措施。

我国于 1985 年月签署加入《保护世界文化和自然遗产公约》，并于 1986 年开始向联合国教科文组织申报世界遗产项目，1999 年成为世界遗产委员会成员。

365. 自然遗产是什么?

联合国教科文组织规定，自然遗产包括以下内容：①从美学或科学角度看，具有突出、普遍价值的由地质和生物结构或这类结构群组成的自然面貌；②从科学或保护角度看，具有突出、普遍价值的地质和自然地理结构以及明确划定的濒危动植物物种生态区；③从科学、保护或自然美角度看，具有突出、普遍价值的天然名胜或明确划定的自然地带。

列入《世界遗产名录》的自然遗产项目必须符合下列一项或几项标准并获得批准：①构成代表地球演化史中重要阶段的突出例证；②构成代表进行中的重要地质过程、生物演化过程以及人类与自然环境相互关系的突出例证；③独特、稀有或绝妙的自然现象、地貌或具有罕见自然美的地带；④尚存的珍稀或濒危动植物种的栖息地。

366. 文化遗产是什么?

文化遗产被国际组织定义为在历史、艺术以及学术等方面具有显著的普世价值的人类遗迹，它包括物质文化遗产和非物质文化遗产。物质文化遗产是具有历史、艺术和科学价值的文物；非物质文化遗产是指各种以非物质形态存在的与群众生活密切相关、世代相承的传统文化表现形式。从 2006 年起，每年 6 月的第二个星期六为中国文化遗产日。

联合国教科文组织《保护世界文化和自然遗产公约》明确了文化遗产的分类标准，主要包括文物、建筑群、遗址。自然文化遗产是指分布在国家内的自然遗产、文化遗产和自然文化双重遗产。其中文化与自然双重遗产是指自然和文化价值相结合的遗产，例如我国的泰山、黄山等。

367. 中国有哪些世界遗产?

截至 2015 年 7 月，我国共有世界遗产 49 项，它们是：

山东泰山、甘肃敦煌莫高窟、周口店北京人遗址、长城、陕西秦始皇陵及兵马俑、明清皇宫、安徽黄山、四川黄龙国家级名胜区、湖南武陵源国家级名胜区、四川九寨沟国家级名胜区、湖北武当山古建筑群、山东曲阜三孔、河北承德避暑山庄及周围寺庙、西藏布达拉宫、四川峨眉山—乐山风景名胜区、江西庐山风景名胜区、苏州古典园林、山西平遥古城、云南丽江古城、北京天坛、北京颐和园、福建省武夷山、重庆大足石刻、安徽古村落、明清皇家陵寝、河南洛阳龙门石窟、四川青城山和都江堰、云冈石窟、云南“三江并流”自然景观、吉林高句丽王城、王陵及贵族墓葬、澳门历史城区、四川大熊猫栖息地、中国安阳殷墟、中国南方喀斯特、开平碉楼与古村落、福建土楼、江西三清山、山西五台山、嵩山“天地之中”古建筑群、中国丹霞、杭州西湖文化景观、元上都遗址、澄江化石地、新疆天山、红河哈尼梯田文化景观、中国大运河、丝绸之路、中国土司遗址。

第十八篇　新发展理念是什么

368. 新型城镇化是什么?

城镇化是指人口向城镇集中的过程。这个过程表现为两个方面，一方面是城镇数目的增多，另一方面是城市人口规模不断扩大。新型城镇化则是以城乡统筹、城乡一体、产城互动、节约集约、生态宜居、和谐发展为基本特征的城镇化，是大中小城市、小城镇、新型农村社区协调发展、互促共进的城镇化。党的十八大强调，要坚持走中国特色新型城镇化道路，推动工业化和城镇化良性互动、城镇化和农业现代化相互协调，促进工业化、信息化、城镇化、农业现代化同步发展。

2014 年 3 月 16 日，我国首部城镇化规划《国家新型城镇化规划（2014—2020 年）》正式发布。同时制定并开始实施《关于落实国家新型城镇化规划主要目标和重点任务的分工方案》，落实《推进“三个 1 亿人”城镇化实施方案》。“三个 1 亿人”即促进约 1 亿农业转移人口落户城镇，改造约 1 亿人居住的城镇棚户区和城中村，引导约 1 亿人在中西部地区就近城镇化。2014 年 12 月 29 日，国家新型城镇化综合试点名单正式公布。

369. 经济发展新常态是什么?

经济发展进入新常态，是十八大以来以习近平同志为总书记的党中央在科学分析国内外经济发展形势、准确把握我国基本国情的基础上，针对我国经济发展阶段性特征所做出的重大战略判断。2014 年 5 月 10 日，习近平总书记在河南考察时首次明确提出新常态。他强调我们要增强信心，适应新常态，保持战略上的平常心态。要保持战略定力，敢作为、勇担当。这些要求和指导在新常态下具有极强的现实针对性。

我国经济发展新常态指的是经济进入高效率、低成本、可持续的中高速增长阶段。从字面上看，“新”就是“有异于旧质”；“常态”就是时常发生的状态。新常态就是不同以往的、相对稳定的状态。这是一种趋势性、不可逆的发展状态，意味着我国经济已进入一个与过去 30 多年高速增长期不同的新阶段。随着中国经济步入新常态，经济增长将从高速转为中高速，从规模速度型粗放增长转向质量效率型集约增长，从要素投资驱动转向创新驱动。

370. “四个全面”战略布局是什么？

2014 年 11 月，习近平总书记到福建考察调研时提出了“协调推进全面建成小康社会、全面深化改革、全面推进依法治国进程”的“三个全面”。2014 年 12 月在江苏调研时将“三个全面”上升到了“四个全面”，要求“协调推进全面建成小康社会、全面深化改革、全面推进依法治国、全面从严治党，推动改革开放和社会主义现代化建设迈上新台阶”，新增了“全面从严治党”。

“四个全面”战略布局是有机统一体的。四者环环相扣，互相嵌入。全面建成小康社会是“四个全面”的目标系统；全面深化改革为实现目标提供强大动力；全面依法治国是围绕目标实现而确定的法治保障系统；全面从严治党是目标实现的领导力量。全面深化改革、全面依法治国、全面从严治党共同支撑实现全面建成小康社会的实践进程。“四个全面”战略布局把党对治国理政的认识提到了新高度。

371. “一带一路”是什么？

“一带一路”是丝绸之路经济带和 21 世纪海上丝绸之路的简称。十八大以来，习近平总书记在一系列的周边外交活动中，提出了加强全球区域经济合作的“一带一路”战略构想，并一步步付诸实施。2015 年 3 月 28 日，《推动共建丝绸之路经济带和 21 世纪海上丝绸之路的愿景与行动》，发布，我国倡导的“一带一路”有了纲领性文件。

“一带一路”贯穿亚欧非大陆，一头是活跃的东亚经济圈，另一头是发达的欧洲经济圈，中间广大腹地国家经济发展潜力巨大。丝绸之路经济带重点串连中国经中亚、俄罗斯至欧洲（波罗的海）；中国经中亚、西亚至波斯湾、地中海；中国至东南亚、南亚、印度洋。21 世纪海上丝绸之路重点方向是从中国沿海港口过南海到印度洋，延伸至欧洲；从中国沿海港口过南海到南太平洋。

“一带一路”不是一个实体和机制，而是合作发展的理念和倡议，是依靠中国与有关国家既有的双多边机制，借助既有的、行之有效的区域合作平台，与沿线国家共同打造政治互信、经济融合、文化包容的利益共同体、命运共同体和责任共同体。

372. 创客是什么？

“创客”一词来源于英文单词“Maker”，是指出于兴趣与爱好，努力把各种创意转变为现实的人。创客是互联网时代将个人创意变成现实产品的个人硬件制造者，是大众创业、万众创新的代表群体，是互联网时代对传统创新模式的颠覆。

创客的共同特质是创新、实践与分享，但这并不意味着他们都是一个模子里铸出来的人，相反，他们有着丰富多彩的兴趣爱好，以及各不相同的特长，一旦他们聚到一起，相互协调，发挥自己特长时，就会爆发巨大的创新活力。

2015 年 1 月，李克强总理在深圳考察柴火创客空间，体验各位年轻“创客”的创意产品，称赞他们充分对接市场需求，创客创意无限。总理说：“你们的奇思妙想和丰富成果，充分展示了大众创业、万众创新的活力。这种活力和创造，将会成为中国未来经济增长的不熄引擎。”

373. 众创空间是什么？

众创空间是大众创业的新服务平台。众创空间其实不是新事物。国内外已经把众创空间推到了一个比较成熟的历史阶段。十多年前，国外各种形式的众创空间就已经逐步形成，对科技创新产生了深刻的影响。此后，Maker 的概念被引入中国，形成创客概念，国内也产生了类似空间，如北京创客空间、上海新车间、深圳柴火空间等，大小和背景各不相同。

众创空间是顺应创新 2.0 时代用户创新、开放创新、协同创新、大众创新的趋势，把握全球创客浪潮兴起的机遇，根据互联网应用深入发展、创新 2.0 环境下创新创业特点和需求，通过市场化机制、专业化服务和资本化途径构建的低成本、便利化、全要素、开放式的新型创业服务平台的统称。

我国政府支持面向大众的众创空间等创业服务平台，对于激发亿万群众创造活力，培育包括大学生在内的各类青年创新人才和创新团队，打造经济新“发动机”，具有重要的意义。

374. “互联网+”是什么?

“互联网+”代表一种新的经济形态，即充分发挥互联网在生产要素配置中的优化和集成作用，将互联网的创新成果深度融合于经济社会各领域之中，提升实体经济的创新力和生产力。“互联网+”的六大特征是跨界融合、创新驱动、重塑结构、尊重人性、开放生态、连接一切。连接一切是“互联网+”的目标。

国内“互联网+”理念的提出，最早可追溯到2012年。易观国际董事长兼首席执行官于扬首次提出“互联网+”理念。2015年3月全国两会上，人大代表马化腾提交了《关于以“互联网+”为驱动，推进我国经济社会创新发展的建议》的议案。2015年3月5日十二届全国人大三次会议上，李克强总理在政府工作报告中首次提出“互联网+”行动计划。

我国的“互联网+”行动计划将重点促进以云计算、物联网、大数据为代表的新一代信息技术与现代制造业、生产性服务业等的融合创新，发展壮大新兴业态，打造新的产业增长点，为大众创业、万众创新提供环境，为产业智能化提供支撑，增强新的经济发展动力，促进国民经济提质增效升级。

375. “双引擎”是什么?

“双引擎”首次露面是在瑞士达沃斯。2015年1月23日，李克强总理在世界经济论坛2015年年会上发表的特别致辞提出，中国经济要行稳致远，必须全面深化改革。用好政府和市场这“两只手”，形成“双引擎”。“双引擎”一方面是增加公共产品和服务供给，另一方面是推动大众创业、万众创新。

大众创业、万众创新需要人才，人才培养离不开政府提供的教育等公共服务。长期以来，我们偏重经济调节和市场监管，忽视社会管理和公共服务，导致教育、卫生医疗、生态环保等公共产品和服务投入不足。现在，提出要改造传统引擎，补齐“短板”，就是要转变政府职能，进行体制创新，从一个“经济建设型政府”走向一个“现代服务型政府”。

形成“双引擎”要求政府提供充分的义务教育、职业培训等公共服务，从而提高劳动者的知识和技能，提高企业运行效率。通过健全公共服务提高全民素质，培育创新环境，为经济健康发展提供重要保障。

376. 供给侧改革是什么?

2015 年,“供给侧改革”成为高频词汇。那么,供给侧改革到底是什么呢?

我们知道,“供给侧”与“需求侧”相对应。“需求侧”有投资、消费、出口三驾马车,三驾马车决定短期经济增长率。而“供给侧”则有劳动力、土地、资本、创新四大要素,四大要素在充分配置条件下所实现的增长率即中长期潜在经济增长率。供给侧改革旨在调整经济结构,使要素实现最优配置。如果用一个公式来描述“供给侧改革”,那就是“供给侧 + 结构性 + 改革”。其含义是:用改革的办法推进结构调整,减少无效和低端供给,扩大有效和中高端供给,增强供给结构对需求变化的适应性和灵活性,提高全要素生产率,使供给体系更好适应需求结构变化。

供给侧改革如何落实?中央经济工作会议强调供需两侧改革相互支撑共进。要在适度扩大总需求的同时,去产能、去库存、去杠杆、降成本、补短板,提高供给体系的质量和效率,提高投资有效性,加快培育新的发展动能,改造提升传统比较优势,增强持续增长动力。

377. 中国经济增长的动力源是什么?

中国经济增长的动力源是指中国经济保持长期较高速度增长,扩大全球总需求,为世界经济复苏带来强劲动力。

专家学者指出,中国改革过程是不断扩大开放的过程,也是不断融入世界的过程。中国对世界经济的复苏作用体现在两个方面:一是对外投资继续保持较快增长。二是在全球总需求不振的大背景下,中国是国际需求的重要提供者,并将继续成长为全球核心市场。事实上也是如此。2014 年中国对全球经济的贡献率高达 25.8%,居世界各国之首,仍是世界经济增长的重要动力源。

中国经济发展追求的不是爆发力,而是持久性。因此,“提质增效”成为近年来的政策导向。“十三五”时期,中国仍处在大有可为的战略机遇期,完全有能力、有条件实现经济的中高速增长,为各国经济发展创造新机遇。

378. 五大发展理念是什么？

党的十八届五中全会审议通过了《中共中央关于制定国民经济和社会发展第十三个五年规划的建议》，提出了“创新、协调、绿色、开放、共享”五大发展新理念，这是以习近平同志为总书记的新一代领导集体治国理政新思想在发展理念上的集中体现和概括。

五大发展理念是在“四个全面”战略布局下，坚持“五位一体”的发展新思路、新战略、新举措。全面推进和落实创新、协调、绿色、开放和共享五大发展理念，意味着我们的发展不再以追求数量增长为导向，而是更注重发展的质量和效益，更强调发展的平衡性、包容性、可持续性，体现了科学的发展思维。创新发展、协调发展、绿色发展、开放发展、共享发展新发展理念体系，是关系我国发展全局的一场深刻变革。

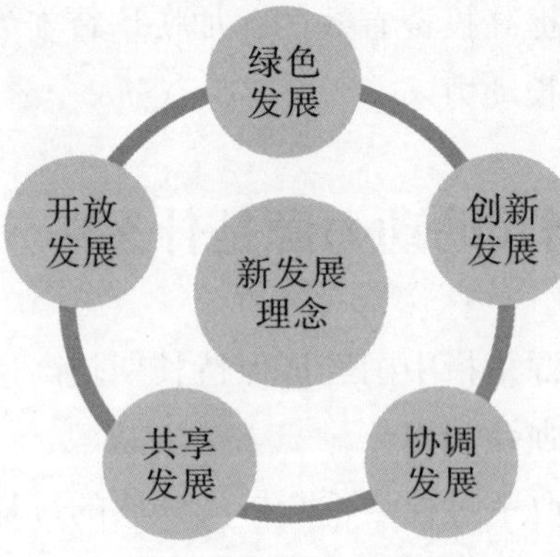

五大发展理念

379. 五大发展理念之创新理念是什么？

在习近平总书记治国理政的思想和实践中，创新发展是一个极其重要的关键词。自十八大以来，在习近平总书记的公开讲话和报道中，“创新”一词出现超过千次，可见其受重视程度。创新，已经成为新的发展理念，指导着中国发展的进程方向，成为两个“一百年”奋斗目标实现的第一动力。

创新发展居于国家发展全局的核心位置。创新是引领发展的第一动力。习近

平同志对创新在我国经济社会发展中的重要地位和作用的崭新概括，具有重大意义。把创新发展放在国家发展全局的核心位置，发挥创新作为引领发展第一动力的功能作用，必将带来我国发展全局的一场深刻变革，为全面建成小康社会、实现中华民族伟大复兴“中国梦”提供根本遵循、注入强劲动力。

380. 五大发展理念之协调理念是什么?

协调发展的核心是正确处理发展中的重大关系。十八届五中全会公报明确提出需要处理的一些重大关系，重点是城乡区域协调发展、经济社会协调发展以及新型工业化、信息化、城镇化、农业现代化的同步发展等。协调发展的内涵还有很多，如经济发展速度和质量的关系，经济结构中一、二、三产业的关系，物质文明和精神文明的关系等。

十八届五中全会公报中特别提出了“在加强薄弱领域中增强发展后劲”。因此，必须着力推动城乡协调发展，健全城乡发展一体化体制机制，健全农村基础设施投入长效机制，推动城镇公共服务向农村延伸，提高社会主义新农村建设水平。

我国经济发展进入新常态后，通过跨区域的协调发展，可以在更大范围内进行资源的优化配置，提高经济发展的效率和质量。当前实施的“一带一路”、京津冀协同发展、长江经济带三大战略，都是推动区域协调发展、推动资源要素在更宽的范围内优化配置的举措。

381. 五大发展理念之绿色理念是什么?

习近平同志关于“绿水青山”与“金山银山”关系的三个言简意赅的重要论断，对绿色发展理念做了生动阐释和系统说明。“绿水青山就是金山银山”，强调优美的生态环境就是生产力、就是社会财富，凸显了生态环境在经济社会发展中的重要价值。“既要金山银山，又要绿水青山”，强调生态环境和经济社会发展相辅相成、不可偏废，要把生态优美和经济增长“双赢”作为科学发展的重要价值标准。“宁要绿水青山，不要金山银山”，强调绿水青山是比金山银山更基础、更宝贵的财富；当生态环境保护与经济社会发展产生冲突时，必须把保护生态环境作为优先选择。

“环境就是民生”，“青山就是美丽”，“蓝天也是幸福”。绿色发展理念就是坚持节约资源和保护环境的基本国策，坚持可持续发展，坚定走生产发展、生活富裕、生态良好的文明发展道路，加快建设资源节约型、环境友好型社会，形成人与自然和谐发展现代化建设新格局，推进美丽中国建设，为全球生态安全做出新贡献。

382. 五大发展理念之开放理念是什么？

坚持开放发展，就是深度融入世界经济，积极参与全球经济治理，解决发展内外联动问题。坚持开放发展就是继续奉行互利共赢的开放战略，发展更高层次的开放型经济，积极参与全球经济治理和公共产品供给，提高我国在全球经济治理中的制度性话语权，构建广泛的利益共同体。

坚持开放发展，将增强我国经济的开放性和竞争性。开放发展要“东中西协调，陆海统筹”，形成全方位开放新格局。十八届五中全会公报提出推进“一带一路”建设，推进同有关国家和地区多领域互利共赢的务实合作，推进国际产能和装备制造合作，打造陆海内外联动、东西双向开放的全面开放新格局。沿海地区要通过全面参与全球经济合作和竞争，培育有全球影响力的先进制造基地和经济区，打造开放新高地；通过提高边境经济合作区、跨境经济合作区发展水平，培育沿边开放新支点。

383. 五大发展理念之共享理念是什么？

坚持共享发展，就是着力增进人民福祉，增强获得感，解决社会公平正义问题。坚持共享发展，要求做出更有效的制度安排，使全体人民在共建共享发展中有更多获得感，增强发展动力，增进人民团结，朝着共同富裕的方向稳步前进。

实现共享发展，关键在于解决一些重大矛盾问题。其中，加快分配制度改革、缩小收入差距，是实现共享发展的重中之重，也是难点所在。十八届五中全会提出，要坚持居民收入增长和经济增长同步、劳动报酬提高和劳动生产率提高同步，这“两个同步”指明了今后改革要坚守的原则，那就是发展成果由人民共享、初次分配要更加凸显公平。实现共享发展，需要在经济社会两个领域同步发力。改革收入分配制度、加大转移支付力度，这是经济问题；但是公共服务、社会保障、普及高中教育等又是社会问题。只有协调推进经济社会发展，让人们在经济和社会两个维度上都有“获得感”，共享发展才能真正实现。

384. 人类命运共同体是什么？

人类命运共同体指在追求本国利益时兼顾他国合理诉求，在谋求本国发展中促进各国共同发展。“命运共同体”是我国政府反复强调的关于人类社会的新理念。2011 年《中国的和平发展》白皮书提出，要以“命运共同体”的新视角，寻求人类共同利益和共同价值的新内涵。

人类命运共同体这一全球价值观包含相互依存的国际权力观、共同利益观、可持续发展观和全球治理观。国家之间的权力分配未必要像过去那样通过战争等极端手段来实现，各国可以通过国际体系和机制来维持、规范相互依存的关系，从而维护共同利益。

共同利益观要求重视人类的共同利益，使自己成为国际社会的“利益攸关者”，共同应对全球性挑战。可持续发展已成为国际社会的共识。

全球治理理论的核心观点是，今天全球性问题的解决成为一个多方共同参与和互动的过程，这一过程的重要目的是强化国际规范和国际机制，以形成一个具有机制约束力和道德规范力的、能够解决全球问题的“全球机制”。

附　录

《广东省社会科学普及条例》

（广东省第十二届人民代表大会常务委员会第9次会议通过，2014年5月29日公布，自2014年9月1日起施行）

第一章　总　则

第一条　为了加强本省社会科学普及工作，提高公民社会科学文化素养，促进人与社会的全面发展，根据宪法及有关法律、法规，结合本省实际，制定本条例。

第二条　本省行政区域内的社会科学普及，适用本条例。

本条例所称社会科学普及，是指采取公众易于理解、接受和参与的方式，普及社会科学知识、传播科学思想、倡导科学方法、弘扬科学精神和人文精神的活动。

第三条　社会科学普及是公益事业，是社会科学工作的重要组成部分。

社会科学普及工作应当坚持政府领导、社会支持、公众参与、资源共享、服务大众、法制保障的原则。

第四条　各级人民政府应当加强本行政区域内社会科学普及的领导工作，将社会科学普及工作纳入本级国民经济和社会发展总体规划及年度工作计划，制定促进社会科学普及工作的政策措施。

县级以上人民政府应当建立社会科学普及工作协调制度，加强对社会科学普及工作的组织协调和督促检查。

县级以上人民政府各相关部门应当结合自身职能，将社会科学普及工作纳入本部门的年度工作计划，推动社会科学普及工作。

第五条　县级以上人民政府教育行政主管部门应当将社会科学普及作为素质教育的重要内容，纳入教育工作规划，加强和推动青少年社会科学普及工作，组织开展适合青少年身心特点的社会科学普及工作。

县级以上人民政府文化、新闻出版广电行政主管部门应当发挥自身职能作用，将社会科学普及纳入公共文化服务体系，制定社会科学普及作品出版计划，组织有关专家进行社会科学普及创作，编写社会科学普及读物，进行社会科学宣传，推动社会科学普及工作。

第六条　社会科学界联合会是社会科学普及工作的主要社会力量。县级以上社会科学界联合会应当开展本地区的社会科学普及工作，承担以下职责：

（一）协助本级人民政府制订社会科学普及规划和计划，为本级人民政府的社会科学普及工作决策提供建议；

（二）落实社会科学普及规划和计划，完成本级人民政府委托的社会科学普及工作；

（三）依照法律、法规、章程，组织、协调社会科学普及活动；

（四）指导社会科学类社会组织和社会科学普及基地开展普及工作；

（五）社会科学普及的对外交流工作；

（六）社会科学普及的其他工作。

第七条　公民、法人和其他组织有参与社会科学普及活动的权利。

第二章　内容与形式

第八条　社会科学普及的主要内容包括：

（一）中国特色社会主义理论体系和党的路线、方针、政策；

（二）宪法、法律、法规；

（三）中华民族优秀传统文化；

（四）岭南文化；

（五）文明健康的生活理念和生活方式；

（六）哲学、法学、史学、文学、政治学、社会学、心理学、经济学、伦理学、管理学、教育学、人类学和文艺学等社会科学基础理论及应用知识；

（七）社会科学其他相关内容。

第九条　社会科学普及工作应当贴近实际、贴近生活、贴近公众，采取下列形式：

（一）举办公益性社会科学论坛、讲座、咨询活动，举办社会科学知识竞赛、展览、文艺演出；

（二）定期举办社会科学普及专题活动；

（三）举办巡讲、宣讲活动，开展社会科学知识进基层活动；

（四）编写、制作、出版社会科学普及书刊和电子音像制品；

（五）运用大众媒体及互联网、公共场馆、普及基地开展社会科学普及活动；

（六）开展其他形式的社会科学普及活动。

第十条　本省每年举办社会科学普及周活动，县级以上人民政府及其有关部门、社会各界应当围绕社会科学普及规划和年度计划确定的主题，采用多种形式开展社会科学普及活动。

第十一条　各级人民政府应当加强区域合作，推动社会科学普及资源的整合共享。

建立健全与香港、澳门、台湾地区社会科学普及交流合作机制；鼓励和促进与香港、澳门、台湾地区相关民间团体、学术机构开展多领域、多层次的社会科学普及交流与合作活动；支持与香港、澳门、台湾地区相关机构合作开展社会科学普及人员培训工作。

第三章　社会责任

第十二条　社会科学普及是全社会的共同责任。

国家机关、企事业单位及社会各界应当结合各自工作，组织开展多种形式的社会科学普及活动。

第十三条　工会、共青团、妇联等人民团体应当结合各自工作对象的特点，组织开展形式多样的社会科学普及活动。

第十四条　社会科学类学会、协会、研究会等社会组织应当根据全省社会科学普及规划，通过创作社会科学普及作品、撰写社会科学普及读物以及举办讲座、论坛等公益活动的方式，开展社会科学普及活动。

第十五条　社会科学普及基地应当充分发挥示范和辐射作用，结合自身特点，通过举办讲座、培训、竞赛、表演、游戏、咨询等多种形式普及社会科学知识，提高公众文化素养。

社会科学普及基地应当加强与当地国家机关、企事业单位和社会组织的联系，加强与新闻媒体的合作，共同推进社会科学普及工作。

第十六条　居（村）民委员会应当充分利用所在地的科技、教育、文化等资源，通过举办讲座，建立画廊、宣传栏或者活动室（站）等方式，开展社会科学普及活动。居（村）民委员会所在地的相关单位应当为开展社会科学普及活动提供便利和支持。

第十七条 各类学校及其他教育机构，应当把社会科学普及作为素质教育的重要内容，重点围绕社会主义核心价值观、社会公德、法律常识、安全教育等方面知识，根据青少年成长规律，有针对性地组织开展多种形式的社会科学普及活动。

第十八条 图书馆、博物馆、文化馆、体育馆等公共文化体育设施管理单位应当通过举办社会科学知识讲座、报告、座谈会、交流会、研讨会及各类知识展览和竞赛等形式，开展社会科学普及活动。

第十九条 社会科学研究机构应当结合自身学科优势，组织社会科学普及作品创作和社会科学普及宣传。

第二十条 广场、公园、机场、车站、码头、影剧院、风景名胜区等公共场所经营管理单位，应当通过在其公共场所设立社会科学普及宣传栏、橱窗、画廊以及摆放社会科学普及读物等形式，开展社会科学普及活动。

第二十一条 鼓励大型洽谈会、博览会、交易会等活动的承办单位结合活动，利用场馆和设施开展相关的社会科学普及宣传。

第二十二条 鼓励企业结合自身文化活动和职工培训开展社会科学普及活动，加强对企业员工诚信教育、职业道德教育、法律教育和心理健康教育，有条件的可以面向公众开放企业文化陈列室及其他文化场馆、设施。

第二十三条 鼓励图书、电子音像出版单位将社会科学普及读物纳入出版计划，支持有关专家编写社会科学普及读物、制作音像制品和电子读物。

第二十四条 鼓励报刊、广播电台、电视台和互联网站开办社会科学普及宣传栏目，制作社会科学普及节目，播放社会科学普及公益性广告。

鼓励影视生产、发行和放映单位制作、发行、放映社会科学普及影视作品。

第二十五条 鼓励社会科学工作者开展社会科学普及工作。

公共财政资助的社会科学研究项目承担者，应当结合研究成果开展社会科学普及活动。

社会科学研究人员应当发挥自身优势和专长，积极参与和支持社会科学普及活动。

第四章 普及组织和工作者

第二十六条 社会科学普及工作应当充分发挥社会科学普及组织和社会科学普及工作者的重要作用。

社会科学普及组织和社会科学普及工作者的合法权益受法律保护。

本条例所称社会科学普及组织是指从事社会科学普及工作的企事业单位和社会组织；所称社会科学普及工作者是指从事社会科学普及研究、创作、编译、教育、展示、出版等工作的人员，包括企事业单位和社会组织的社会科学普及工作人员，以及社会科学普及工作志愿者。

第二十七条　社会科学普及组织和社会科学普及工作者在开展社会科学普及活动中享有以下权利：

（一）依法创办或者参加社会科学普及组织，自主开展多种形式的社会科学普及活动，依法兴办社会科学普及事业；

（二）承担政府、企事业单位、社会组织和个人委托的社会科学普及项目，开展社会科学普及服务；

（三）从事或者参与社会科学普及作品的创作、编辑、出版和理论研究；

（四）依法获得国内外组织和个人为发展社会科学普及事业而提供的资助、捐赠；

（五）从社会科学普及服务活动中获取合法收益和其他有关知识产权权益；

（六）法律、法规规定的其他权利。

第二十八条　社会科学普及组织与社会科学普及工作者应当承担以下义务：

（一）坚持科学态度，依法开展社会科学普及活动；

（二）传播科学思想、科学方法和社会科学知识，开展各种形式的社会科学普及活动，推广社会科学普及研究成果；

（三）学习新知识、新技术，提高社会科学文化素质，增强社会科学普及工作能力；

（四）遵守法律、法规和本条例规定的其他义务。

第二十九条　社会科学普及组织和社会科学普及工作者及其他单位、个人，不得以社会科学普及为名进行有损社会公共利益、扰乱社会秩序或者骗取财物的活动。

第三十条　县级以上人民政府应当建立社会科学普及专家团、人才库，组织建设社会科学普及志愿队伍，培训社会科学普及人才，为开展社会科学普及工作提供组织保障和智力支持。

省人民政府应当支持基层、偏远和欠发达地区社会科学普及人才培训工作。

鼓励、支持高校学生志愿到基层从事社会科学普及工作。

鼓励社会科学普及组织和社会科学普及工作者参与各种社会科学普及活动。

鼓励热心参与社会科学普及工作的人员申请成为注册志愿者。

第五章 保障与激励

第三十一条 县级以上人民政府应当建立社会科学普及信息通报和公开制度，实现信息共享。

第三十二条 县级以上人民政府应当将社会科学普及事业所需经费列入本级财政预算，并随财政收入的增长而增加。

县级以上人民政府有关部门应当对本部门开展社会科学普及工作所需的经费予以保障。

第三十三条 各级人民政府可以采取政府购买、项目补贴或者奖励等方式鼓励和支持社会力量开展社会科学普及活动。

第三十四条 各级人民政府应当采取措施，扶持和促进社会科学普及产业发展。

在遵守有关法律、法规和本条例规定的前提下，社会力量参与社会科学普及活动可以实行市场化运作。

第三十五条 鼓励社会组织和个人对社会科学普及事业进行捐赠，用于资助社会科学普及事业。对捐赠财产用于社会科学普及事业或者投资建设社会科学普及场馆、设施的，按照国家有关规定依法予以税收优惠。

第三十六条 社会科学普及经费和社会组织、个人资助社会科学普及事业的财产，应当用于社会科学普及事业，任何单位或者个人不得挤占、截留、挪用。

第三十七条 县级以上人民政府应当将社会科学普及场馆、设施建设纳入城乡建设规划，对现有社会科学普及场馆、设施应当加强利用、维修和改造。

以政府财政投资建设的社会科学普及场馆应当健全内部管理制度和服务规范，保障其用于开展文明、健康的社会科学普及活动，不得擅自改作他用。

尚无条件建立社会科学普及场馆的地方，可以利用现有的科技、教育、文化等设施开展社会科学普及活动。

鼓励和支持国内外的组织或者个人在本省投资兴建社会科学普及场所。

第三十八条 各级人民政府应当充分利用社会科学普及场馆和教育、文化等设施，或者依托教学单位、科研院所等企事业单位和街道社区的场所和设施，推动社会科学普及基地的建设。

第三十九条 省人民政府应当建立社会科学普及信息平台，推动社会科学普及资源的公开和共享，提高社会科学普及能力。有条件的地方可以建设本地社会科学普及信息平台，开展社会科学普及工作。

鼓励社会力量开展和参与社会科学普及信息化工作。

第四十条　对于在社会科学普及工作中具有突出表现的单位和个人，县级以上人民政府可以给予适当奖励。

地级以上市人民政府应当将社会科学普及作品纳入本级社会科学成果评奖范围。

学校、社会科学研究机构等单位可以将社会科学普及成果作为社会科学工作者专业技术职称评定、职务评聘和工作业绩考核依据之一。

第六章　法律责任

第四十一条　违反本条例第二十九条规定，以社会科学普及为名进行有损社会公共利益、扰乱社会秩序或者骗取财物活动的，由有关主管部门给予批评教育，并予以制止；违反治安管理规定的，由公安机关依法给予治安管理处罚；构成犯罪的，依法追究刑事责任。

第四十二条　违反本条例第三十六条规定，挤占、截留、挪用社会科学普及财政经费及捐赠款物的，由有关主管部门依法责令限期归还，并对负有责任的主管人员和其他直接责任人员依法给予处分；构成犯罪的，依法追究刑事责任。

第四十三条　违反本条例第三十七条规定，擅自将政府财政投资建设的社会科学普及场馆改作他用的，由有关主管部门责令限期改正；情节严重的，对负有责任的主管人员和其他直接责任人员依法给予处分。

扰乱社会科学普及场馆秩序或者毁损场馆、设施的，依法责令停止侵害、恢复原状或者赔偿损失，并依法进行行政处罚；构成犯罪的，依法追究刑事责任。

第四十四条　各级人民政府、有关主管部门及其工作人员在社会科学普及工作中滥用职权、玩忽职守、徇私舞弊的，由其上级机关或者监察机关依法责令改正，并对直接负责的主管人员和其他直接责任人员依法给予处分；构成犯罪的，依法追究刑事责任。

第七章　附　则

第四十五条　本条例自 2014 年 9 月 1 日起施行。

参考文献

［1］张世英．哲学导论［M］．北京：北京大学出版社，2002.

［2］孙正聿．哲学导论［M］．沈阳：辽宁人民出版社，2003.

［3］陶德麟，汪信砚．马克思主义哲学的当代论域［M］．北京：人民出版社，2005.

［4］王丹．西方哲学史简明教程［M］．大连：大连海事大学出版社，2012.

［5］罗素．西方哲学史［M］．何兆武，李约瑟，译．北京：商务印书馆，2005.

［6］孙利天．德国古典哲学的创始人：康德［M］．吉林：吉林人民出版社，2011.

［7］杜保瑞．中国哲学的基本哲学问题与概念范畴［J］．文史哲，2009（4）．

［8］张刚．论中国哲学的基本问题［J］．山东社会科学，2007（2）.

［9］杨国荣．何为中国哲学——关于如何理解中国哲学的若干思考［J］．文史哲，2009（1）．

［10］朱贻庭．伦理学大辞典［M］．上海：上海辞书出版社，2011.

［11］张岱年，方克立．中国文化概论［M］．北京：北京师范大学出版社，2004.

［12］张岱年．文化与哲学［M］．北京：教育科学出版社，1988.

［13］方克立．中国哲学大辞典［M］．北京：中国社会科学出版社，1991.

［14］冯契，徐孝通．外国哲学大辞典［M］．上海：上海辞书出版社，2000.

［15］鲁洁．教育的原点：育人［J］．华东师范大学学报（教育科学版），2008（4）.

［16］马兆掌．现代教育论［M］．杭州：浙江教育出版社，1990.

［17］程少堂．教育规律分类新探［J］．高等教育研究，1996（3）

［18］孙霄兵．受教育权法理学——一种历史哲学的范式［M］．北京：教

育科学出版社，2003.

[19] 柳斌．柳斌谈素质教育［M］．北京：北京师范大学出版社，1998.

[20]“素质教育的概念、内涵及相关理论”课题组．素质教育的概念、内涵及相关理论［J］．教育研究，2006（2）.

[21] 亚里士多德．尼名马科伦理学［M］．苗力田，译．北京：中国社会科学出版社，1990.

[22] 桑新民，陈建翔．教育哲学对话［M］．石家庄：河北出版社，1996.

[23] 蔡元培．蔡元培美学文选［M］．北京：北京大学出版社，1983.

[24] 王雷．社会教育概论［M］．北京：光明日报出版社，2007.

[25] 辞海编辑委员会．辞海［M］．上海：上海辞书出版社，1979.

[26] 佘双好．青少年社会教育的本质与内涵［J］．中国青年研究，2007（12）.

[27] 孟昭兰．普通心理学［M］．北京：北京大学出版社，1994.

[28] 弗洛伊德．梦的解析［M］．罗林，等译．北京：九州出版社，2004.

[29] 亚伯拉罕·马斯洛．动机与人格［M］．许金声，等译．北京：中国人民大学出版社，2007.

[30] 林崇德，杨治良，黄希庭．心理学大辞典［M］．上海：上海教育出版社，2004.

[31] 吕凯．浅论集体无意识及其表现［J］．广西：广西教育学院学报，2003（1）.

[32] 王燕，李悦，金一波．幸福感研究综述［J］．心理研究，2010，3（2）.

[33] 胡帆．对荣格集体无意识的浅析［J］．萍乡高等专科学校学报，2003（2）.

[34] 燕国材．心理学的回顾、现状与展望［J］．湖南师范大学教育科学学报，2006，5（4）.

[35] 苗元江．幸福感概念模型的演化［J］．赣南师范学院学报，2007（4）.

[36] 钟敬文．民俗学概论：第2版［M］．北京：高等教育出版社，2010.

[37] 段宝林．民间文学教程：第2版［M］．北京：高等教育出版社，2013.

[38] 黄涛．中国民间文学概论［M］．北京：中国人民大学出版社，2010.

[39] 乐其麟．中国年节物语［M］．郑州：中原农民出版社，2009.

[40] 李少兵，齐丽华，郭艳梅．节日节庆［M］．北京：中国文史出版社，2005.

[41] 萧放，许明堂．中国民俗文化丛书［M］．北京：中国社会出版

社，2008.

［42］王文章．中国传统节日［M］．北京：中央编译出版社，2010.

［43］乌丙安．中国民俗学［M］．沈阳：辽宁大学出版社，1985.

［44］乔继堂．细说中国节［M］．北京：九州出版社，2006.

［45］李权时，李明华，韩强．岭南文化：修订版［M］．广州：广东人民出版社，2010.

［46］陈泽泓．广府文化［M］．广州：广东人民出版社，2012.

［47］陈泽泓．潮汕文化概说［M］．广州：广东人民出版社，2001.

［48］胡希张，莫日芬，董励，等．客家风华［M］．广州：广东人民出版社，2009.

［49］王首程．文学欣赏［M］．广州：华南理工大学出版社，2006.

［50］王先霈，胡亚敏．文学批评导引［M］．北京：高等教育出版社，2005.

［51］汪龙麟．中国古代文学名著［M］．北京：蓝天出版社，2008.

［52］刘勰，黄霖．文心雕龙［M］．上海：上海古籍出版社，2008.

［53］李建中．中国文学批评史：第3版［M］．武汉：武汉大学出版社，2012.

［54］俞平伯．俞平伯点评红楼梦［M］．北京：团结出版社，2004.

［55］傅光明．话说西游记［M］．济南：山东画报出版社，2006.

［56］郭皓政．红学档案［M］．武汉：武汉大学出版社，2007.

［57］朱贻庭．伦理学小辞典［M］．上海：上海辞书出版社，2004.

［58］强以华．西方伦理学十二讲［M］．重庆：重庆出版社，2008.

［59］郭齐勇．中国哲学史［M］．北京：高等教育出版社，2006.

［60］张柏峰．中国的司法制度：第2版［M］．北京：法律出版社，2002.

［61］付子堂．法理学初阶：第3版［M］．北京：法律出版社，2009.

［62］周旺生．立法学．第2版［M］．北京：法律出版社，2009.

［63］焦洪昌．宪法［M］．北京：中国政法大学出版社，2007.

［64］魏振瀛．民法：第4版［M］．北京：北京大学出版社，2010.

［65］江平．民法学：第2版［M］．北京：中国政法大学出版社，2011.

［66］姜明安．行政法与行政诉讼法［M］．北京：北京大学出版社，1990.

［67］陈亚平．行政法与行政诉讼法：第2版［M］．北京：中国农业出版社，2013.

［68］张明楷．刑法学：第4版［M］．北京：法律出版社，2011.

［69］陈光中．刑事诉讼法：第5版［M］．北京：北京大学出版社，2013.

［70］李浩，谭兵．民事诉讼法：第2版［M］．北京：法律出版社，2013.

［71］范健．商法：第4版［M］．北京：高等教育出版社，2011.

［72］李瑞，唐元平．劳动法与社会保障法：第2版［M］．北京：北京大学出版社，2012.

［73］戴维·波普诺．社会学：第11版［M］．李强，等译．北京：中国人民大学出版社，2007.

［74］风笑天．社会研究方法：第4版［M］．北京：中国人民大学出版社，2014.

［75］郑杭生．社会学概论新修：第4版［M］．北京：中国人民大学出版社，2013.

［76］STEPHEN P. ROBBINS. 管理学基础：第7版［M］．于森，等译．北京：电子工业出版社，2015.

［77］PETER F. DRUCKER. 管理的实践［M］．齐若兰，译．北京：机械工业出版社，2009.

［78］史益芳，王志平．管理信息系统［M］．北京：人民邮电出版社，2013.

［79］贾东海，郭卿友，李清凌．史学概论［M］．北京：中央民族大学出版社，1992.

［80］庞卓恒．史学概论［M］．北京：高等教育出版社，2006.

［81］李振宏．历史学的理论与方法［M］．开封：河南大学出版社，1999.

［82］张大可，邓瑞全．中国历史文选［M］．北京：商务印书馆，2007.

［83］杨庆存．社会科学论稿［M］．北京：人民出版社，2013.

［84］翟文明．社会科学一本通［M］．北京：光明日报出版社，2011.

［85］陈爱国，孟繁华．发展与普及——社会科学新论［M］．郑州：河南人民出版社，2013.

［86］吴柏青，张雪永．社会科学导论［M］．成都：电子科技大学出版社，2007.

［87］安徽省社会科学界联合会．社会科学知识普及初探［M］．合肥：黄山书社，2012.

［88］余兴厚，吴正俊．邓小平理论的渊源与发展［M］．重庆：重庆出版

社出版，2002.

［89］中共中央宣传部. 科学发展观学习读本［M］. 北京：学习出版社，2008.

［90］中共中央文献研究室. 习近平总书记重要讲话文章选编［M］. 中央文献出版社，2016.

［91］教育部. 三个代表重要思想概论［M］. 北京：人民大学出版社，2003.

［92］许崇德. 宪法学［M］. 北京：中共中央党校出版社，2003.

［93］保罗·萨缪尔森，威廉·诺德豪斯. 经济学：第 18 版［M］. 萧琛，译. 北京：人民邮电出版社，2008.

［94］徐秋慧. 经济学经典著作导读［M］. 北京：经济科学出版，2011.

［95］马化腾，等. 互联网 +：国家战略行动路线图［M］. 北京：中信出版集团，2015.

［96］隋鹏达. 竞争力［M］. 北京：电子工业出版社，2012.

［97］拉福莱特. 伦理学理论［M］. 北京：中国人民大学出版社，2008.

［98］叔本华. 叔本华论道德与自由［M］. 韦启昌，译. 上海：上海人民出版社，2006.

［99］胡建淼. 公权力研究［M］. 杭州：浙江大学出版社，2005.

［100］刘晓祯. Hold 住爱情的心理学［M］. 青岛：青岛出版社，2012.

［101］李超杰. 现代西方哲学的精神［M］. 北京：商务印书馆，2009.

［102］焦佩锋.《〈政治经济学批判〉序言》导读［M］. 北京：中共中央党校出版社，2013.

［103］李达. 唯物辩证法大纲［M］. 北京：人民出版社，2010.

［104］黄家瑶. 经济哲学导论［M］. 北京：社会科学文献出版社，2000.

［105］丹纳. 艺术哲学［M］. 张伟，沈耀峰，译. 北京：当代世界出版社，2009.

［106］施太格缪勒. 当代哲学主流：上卷［M］. 北京：商务印书馆，1986.

［107］李平. 中华传统文化经典选读［M］. 昆明：云南美术出版社，2007.

［108］杨盛钦. 中国书法艺术［M］. 北京：化学工业出版社，2006.

［109］中国人学学会. 以人为本与中国特色社会主义［M］. 北京：当代中国出版社，2009.

[110] 昂扬．中华传统美德图说［M］．长沙：湖南大学出版社，2014.

[111]] 任理轩．“五大发展理念”解读［EB/OL］．十堰党史网，2015－12－22，http：//www. sydsw. net/Archive/View. aspx？kind＝0024&id＝59858.

[112] 让·德吕莫，宗教大历史［M］．余磊，译．上海：上海三联书店，2009.

[113] 苏力．法治及其本土资源［M］．北京：中国政法大学出版社，2004.

[114] 庄锡昌．西方文化史［M］．北京：高等教育出版社，2011.

[115] 费尔南·布罗代尔．文明史［M］．常绍民，冯棠，张文英，等译．北京：中信出版社，2014.

[116] 游国恩，王起，萧涤非，等．中国文学史［M］．北京：人民文学出版社，2002.

[117] 王仲荦，杨宽，胡厚宣．中国断代史系列［M］．上海：上海人民出版社，2003.

[118] 宾恩海．中国现代文学流派概论［M］．合肥：安徽大学出版社，2007.

[119] 虞和平．中国现代化历程［M］．南京：江苏人民出版社，2005.

[120] 徐勇，陈伟东．社区工作实务［M］．北京：高等教育出版社，2003.

[121] 张勇，张珺．新型社区理论读本：中国人的新型生活共同体［M］．广州：暨南大学出版社，2014.

[122] 格尔德·米策尔，心理学入门［M］．张凤凤，金建，译．北京：中央编译出版社，2011.

[123] 李英，任莉．管理学基础［M］．大连：大连理工大学出版社，2009.

[124] 迟轲．西方美术史话［M］．北京：中国青年出版社，2010.

[125] 阿纳森．西方现代艺术史［M］．巴竹师，邹德侬，刘珽，译．天津：天津人民美术出版社，1994.

后　记

社会大变革的时代，一定是哲学社会科学大发展的时代。习近平总书记主持召开哲学社会科学工作座谈会并发表重要讲话，体现了党中央对哲学社会科学工作的高度重视。正是在此大背景下，在全社会和全民中普及哲学社会科学知识具有重要意义。由广东省人大颁布实施的《广东省社会科学普及条例》立法规定，社会科学普及是全社会的共同责任；各类学校及其他教育机构，应当把社会科学普及作为素质教育的重要内容，有针对性地组织开展多种形式的社会科学普及活动；社会科学研究机构应当结合自身学科优势，组织社会科学普及作品创作和社会科学普及宣传。为宣传贯彻落实《广东省社会科学普及条例》，我们在广东省社会科学界联合会的指导下，与广州市社会科学界联合会、佛山市社会科学界联合会、广州科技职业技术学院等单位共同组织编撰《社会科学普及读本》，围绕大中学生、社区（村）基层干部、社区（村）居民群众应知应晓的社会科学知识热点、难点、疑点问题，以深入浅出、简明扼要且通俗有趣的方式，加以理论解读与知识普及，这是推动社会科学普及社会化、大众化的一次新尝试。

本书编撰人员有：广东省社会科学院张勇（负责全书体例、编著和统稿），何丹华（文艺学、经济学、中国传统文化、新发展理念）、罗忱（宗教学），揭英丽（文化学）；广东省社会科学界联合会社科普及工作办公室李静（协助全书统稿）；华中师范大学中文系本科生史萌（文化学）；华南农业大学人文与法学学院、公共管理学院、经济管理学院的教师、研究生、本科生参与了全书各篇条目撰写，他们是：高菊（哲学、伦理学），林玲（教育学），蓝学明（心理学、哲学），张珺（管理学、社会科学普及），郑大睿（地理学），何妃娴（文学），曹晓宇（哲学），尚营营（伦理学），张青（哲学、宗教学），徐思晗（哲学），杨泽明（哲学），余家庆（社会学），黄成凤（社会学），叶紫琪（政治学），叶浣儿（管理学），傅淑雯（文学、民俗学），谢小凤（经济学），廖一玲（经济学），蓝巧梅（哲学），吴荻菲（政治学），黄思于（法学），麦咏茵（法学），陈东明（经济学），简颖诗（社会学），张盼盼（历史学）。

感谢广东省社会科学界联合会党组书记、主席王晓为本书作序。感谢广东省社会科学界联合会社科普及工作办公室刘正春主任、广州市社会科学界联合会科普部王文琦部长、佛山市社会科学界联合会邓翔主席、广州科技职业技术学院卢彩凤董事长对本书编辑出版工作的大力支持。

感谢广东省城市社区建设研究会执行会长钟浩天、广东省佛山市禅城区人大常委吴纪元、佛山市毅燊文化传播有限公司梁贯迪对本书课题研究和编辑出版提供了具体帮助。佛山市毅燊文化传播有限公司还积极承办了广东省社会科学普及进社区示范基地（西樵镇）的具体组织工作。

感谢为本书编辑出版做了大量工作的暨南大学出版社李战副总编辑及曹军编辑。广东省城市社区建设研究会办公室李明亮为本书提供整理了社会科学普及的相关资料。

社会科学普及的春天已经来临，让我们张开双手拥抱！

作者

2016 年 5 月